石角完爾
Kanji Ishizumi

ユダヤ式エッセンシャル学習法

一流の知性をつくる最強のサバイバル戦略

日本能率協会マネジメントセンター

はじめに

～10年後も生き残る知性を手に入れるために

　2015年末、センセーショナルなレポートが野村総研から発表され、大きな物議をかもしている。
　というのも、「日本の労働人口の49％は人工知能で代替可能になる」というのだ。
　これは、「2030年の日本に備える」という目的の元、まとめられたものである。単純労働は人工知能やロボットに置き替わる。だが、クリエイティブな職業や他者との協調、ネゴシエーション、サービスが求められる職業——具体的にいうと、雑誌記者や弁護士、医師、教師などは代替される可能性は低いと結論づけていたが、本当にそうだろうか？

　野村総研のレポートは100％間違っている、と私は考える。
　どう間違っているかというと、人工知能にとって代わられない職業などないということである。
　作曲自体も人工知能がやり、運転も人工知能がやり、弁護士、医師も人工知能にとって代わられる。
　将棋や碁のプレーヤーまで人工知能にとって代わられているではないか。教師なども、すべて人工知能が教えたほうがよっぽど質の高い講義ができるかもしれない。そのうち人工知能を開発するのも人工知能がやるようになるだろう。
　世界規模で考えると、すでにIBMの開発した人工知能Watsonをはじめとする多くの人工知能が、事実、弁護士や医師の仕事をこなし始めている（アメリカでは、すでにWatsonが指示する診断と治

療法でなければ保険会社が医師に保険金を支払わないというケースが増えている)。

　ビジネスパーソンにとって、グローバル化はすでに当然のこと。外国人が上司になることも珍しくない。
　こうした労働力のグローバル化に加え、人工知能の台頭が現実化しつつあるのが現在という時代である。数年〜10数年の間に、コンピュータから指示を受けて働くことすら起こり得る。
　そういう前提に立つと、どういう予測ができるだろうか？
　ビジネスというフィールドにおいて、**し烈な生き残り競争が起こる**というのは、想像に容易いのではないか。

　この大きな時代の動きの中で、日本人のリベラルアーツをいかに高めるかが人材育成の現場で課題となっていると聞く。
　ビジネスフィールドが世界に広がり、海外のビジネスパーソンと接する機会が増えたものの、日本の歴史や文化など日本人としての教養に自信がなく、彼らと堂々と渡り合えないというのだ。
　では、教養を身につければ、海外のビジネスパーソンに対して自分の意見が堂々と言えるのだろうか。
　彼らと対等に渡り合えるのだろうか。

　戦うべき相手は、海外のビジネスパーソンだけではない。莫大な知識をもった人工知能までもが競争相手となり得るのである。
　暗記中心のし烈な受験戦争を戦い抜いてきた日本人は、おそらく知識のインプットやアウトプットは得意に違いない。学生の頃に比べていくらか記憶力の衰えを感じながらも、知識を吸収し、排出するスキルは高いだろう。

しかし、いまや大抵の知識はインターネットで検索できるうえに、世の中が変化するスピードは早く、知識はすぐに古びて陳腐化するのは目に見えている。知識を吸収して排出する能力はもはや人間には求められていない、と言っても過言ではない。

　たとえどんなに幅広い分野の知識を手に入れたとしても、単なる知識量が個人の競争力や存在感を高めてくれるわけでも、人生を変えてくれるわけでもないのである。物知り、博識であることはネット検索の発達した今日では価値がない。

　物事の本質（エッセンス）にいかにしてたどり着くか──それが、私たちに残された生き残りの道ではないだろうか。

　私自身、それを強く実感したことがある。

　私は京都大学在学中に司法試験に合格し、こう言っては何だが、首席で卒業した。

　真面目に授業のノートをとり、学生たちが何年もかかって作成した教授の想定問題集を手に入れ、それを丸暗記するという努力の賜物だった。

　その後、ハーバード大学のロースクールで学んだ。そこで、学友だったイギリス・オックスフォード大学出身の弁護士に、こんなことを言われたのである。

「カンジ、君は大学でどんな教育を受けてきたんだい？」
「商法と憲法、それに刑法を覚えた」
「それは大変だな。全部暗記しても、法律はしょっちゅう変わるだろう？　これから40年間弁護士を続けるとして、法律の改正を毎年追いかけていくのは大変だよ」

現実にそのとおりなのである。日本の国会では法律が毎年100本近く通るのだ。そのすべてを追いかけることは到底無理で、新しい法律は若い弁護士に任せなければならなくなる。
　では、イギリス人の彼はオックスフォード大学でどのような勉強をしてきたのか。

「僕は法哲学と法倫理など原理原則を学んだ。基本的な物の考え方や、法が考える正義はこうだ、ということを学んでいるから、法律がどれだけ変わっても視点がぶれることはないんだ」

　私は世界との壁を感じざるを得なかった。
　私たちが世界で相手にするライバルたちは、知識のインプットやアウトプットをさほど重要視していない。
　彼らが学ぶのは物事の本質、原理原則である。そのような教育を受けてきたエリートたちと対等に渡り合うのは、なかなか難しいだろうと感じたのである。

　歴史上、多大なインパクトを与えてきたイノベーションは、調べてみると、そのほとんどが3つの民族により生み出された。
　イギリス人とスコットランド人が7割、残りの3割はユダヤ人である。Googleで「innovation and British」、「innovation and Scottish」、「innovation and Jewish」と検索してみるとよくわかる。Google検索はイギリス人、スコットランド人、ユダヤ人のイノベーションの一覧を画面に出してくる。なかでもユダヤ人が関わって生まれたイノベーションは、①レーザー、②ペースメーカーと除細動器、③遺伝子工学、④ステンレス、⑤質量エネルギーの法則、⑥コレラとペストのワクチン、⑦ポリオのワクチン、⑧資本主義、⑨Googleなど、

どれも人々の暮らしを大きく変えてきたものばかりで、列挙にいとまがない。

では、日本人はどうだろうか。

「innovation and Japanese」と検索してみると、残念ながら日本人が成し遂げたイノベーションはひとつもヒットしない。代わりに、「日本人はどうすればイノベーションを生み出せるか」を考察したウェブサイトはたくさん存在する。

しかし待てよ、世界に誇れる日本の技術といえば新幹線があるではないか。あれこそイノベーションではないのか、と思う人もいるかもしれない。

しかし、Google検索の結果に、「新幹線」は出てこない。つまり、Googleの考えでは、新幹線技術はイノベーションとはいえないということだ。

私もそう思う。新幹線は世界でも類まれな交通技術ではあるが、イノベーションではない。なぜなら、イノベーションとは、人類の発展にかかわる発見や発明を指すからだ。

超高速の過密ダイヤを寸分の遅れなく管理できる新幹線は、日本のような人口密度の高い都市間を結ぶ交通機関としては優れているが、そうでない国では必要性は薄い。はっきりいって、宝の持ち腐れである。

新幹線技術は世界を変えていないどころか、世界ではあまり必要のない技術なのだ。超高速過密ダイヤ技術は人類の発展にかかわる発見や発明ではないのだ。

その証拠に、飛行機はどの国にも飛んでいる。つまり、飛行機はイノベーションである。一方、新幹線を導入しているは、いまのところ日本と台湾だけで、タイが2018年の着工に向けて導入が確認されたばかりだ。

イノベーションが人類の発展に不可欠であることは、紙の発明、印刷技術の発明、電気・電波の発見、蒸気機関の発明、飛行機の発明を見れば明らかだ。しかし、新幹線は不可欠なものではない。

　私は60歳のとき、故あってユダヤ教に改宗した。いまは私もユダヤ人のひとりとして、ユダヤ教の礼拝所（シナゴーグ）で毎週行われるヘブライ聖書とタルムードの勉強会に参加している。
　一緒に学んでいると、たった1500万人にも満たないユダヤ人がなぜ多くのイノベーションを生み出せるのか、学問やビジネスで大きな存在感を示しているのかがよく理解できる。
　ユダヤ人の知識生産性を抜群に高めているのは、彼らの学びの習慣にある。

　ユダヤ人は、「学びの民」「書物の民」「学問の民」と呼ばれるほど勉強好きな民族である。近年まで定住の地をもたず、異端者として数々の迫害と差別を受けながらも、世界各地に点在するシナゴーグに集まり、ヘブライ聖書とタルムードの勉強を通じてユダヤの知恵と知識を数千年にわたり継承・発展させてきた。
　「学び」こそが民族のアイデンティティといっていい。
　学ぶことでユダヤ人は民族としての誇りをもち、生き延びてきたのである。

　ユダヤ人の学びは、知的で、かつ驚きと刺激に満ちている。
　ユダヤ人の勉強の大半は、ヘブライ聖書やタルムードに書かれた内容を互いに議論し、思考することに費やされる。
　何事にも批判的に考えることがユダヤ人の学びの最大の特徴であるが、聖書に書かれたことすらも「本当にそうか？」と疑問を投げ

かけ、宗教的な師であるラバイにも果敢に議論を挑む姿は、ユダヤ人の勉強会ではごく普通に見られる光景である。

教科書と教師を絶対的なものとみなし、先生の教えと教科書を暗記することで知識武装に励む日本人とは大きく違う点である。

ユダヤ人がこのような学びを実践するのは、問い続けることで知識の常識に挑戦し、議論を通して思考を活性化させ、自分の頭で考え抜くことで物事の本質にたどり着けることを理解しているからである。

「学ぶ」とは、誰かから教えられるものでも、すでにある知識をインプットすることでもない。根源的な問題を考え続けるなかで、みずからが新たな物の見方や価値観、思想をつくり上げていくことである——この姿勢こそがユダヤ人の知性の源泉であり、世界で活躍するユダヤ人の学び方なのである。

本書では、私が日系ユダヤ人として身につけてきた"本質をつかむための知性の磨き方"を紹介していきたい。

本書は２部構成である。

第１部では、ユダヤ人が実際にどのように勉強しているのかを紹介しながら、独自性と独創性あふれる学びを得るために実践すべき習慣やコツを解説していく。

第１部
- 第１章「なぜ？」の視点——あらゆる物事を批判的に考え、知識の常識に挑戦することが学びの基本である。
- 第２章「原典主義」——事実の裏づけや根拠となる証拠（原典）にあたり、自分なりに分析し解釈することで、独自の考えを深め

ていくことができる。
- **第3章「分類主義」**──分類の手法を使って物事を隅々まで明らかにすることで、冷静で客観的な物の見方や、具体的で最適な解へのアクセスが可能になる。

　第2部では、ユダヤ人が実際に何をどう学んでいるのかを紹介する。日本人がこれからの世界で渡り合うために何を学ぶべきか、一人ひとりが考える際のヒントを提示できればと思う。

第2部
- **第4章「歴史を学ぶ〜サバイバル戦略としての歴史観〜」**
──現在について考え、未来を予測するために歴史を学ぶことは重要である。ユダヤはもちろん、欧米（特に米英）では、知的レベルが高くなるほど、学問としての歴史の比重が大きくなる。
- **第5章「倫理／宗教を学ぶ〜マイノリティのためのグローバル戦略〜」**──世界の多くの国では、一神教に基づく倫理規範が地域社会や家庭で共有されている一方で、明確な倫理規範をもたない日本はかなり異質な存在といえる。倫理とは何か、なぜ倫理が重要なのか、そして宗教をもたない日本人はどのようにして倫理を構築すべきかを考える。
- **第6章「言語を学ぶ〜能力を最大化する言語力〜」**──グローバルスタンダードである英語が苦手な日本人は、世界でかなり不利な立場に置かれている。バイリンガルであることの脳科学的な優位性に触れるとともに、多言語とイノベーションの関係性も明らかにする。

　本書は、リベラルアーツと呼ばれる学問の領域を幅広く紹介した

り、日本人として何を学ぶとよいかをアドバイスしたりするものではない。何を学ぶかは、あくまで読者が自分で探し、見つけるものだからである。

　本書を通して私が伝えたいのは、読者一人ひとりが独創性ある学びを得るための戦略的学習法である。

　目指すべき"本質"への道はひとつではない。各自がオリジナルの道を歩み、手にすべきものである。しかし、本書で紹介するユダヤ式の学びの原則は、各自が本質へと歩みを進めるうえでひとつのガイドラインになるのではないかという思いから、本書を執筆することにした。

　ユダヤ人が実践するエッセンシャル（本質的）な学習を通して、そのヒントをつかんでいただけたらと思う。

　学び続け、知性を磨くことでマイノリティとしての過酷な歴史を生き抜いてきたユダヤ人にとって、生きることは学ぶことそのものであったと言っていい。「学」ばなければ「生」きているとは言えないのだから。

　人生を変えるには、学び続けるしかない。

　学び続けることで人は変わり、どんな困難に遭っても屈しない精神の気高さや柔軟性を獲得することができる——私がユダヤ教に出会い、みずからユダヤの学びを実践するなかでこのことを学んだように、本書が読者の人生を変える学びの一歩となることを切に願っている。

2016年　夏

石角 完爾

CONTENTS

はじめに
～10年後も生き残る知性を手に入れるために・・・・・・・・・・・・・・・・・・・・・ 3

序章
生き残るためには、学ぶしかない

- 生きることは学ぶことである・・・・・・・・・・・・・・・・・・・・・・・・・・・・・ 22
- ユダヤ人が学び続ける理由・・・・・・・・・・・・・・・・・・・・・・・・・・・・・・ 23
- ユダヤ人は何を学ぶのか？・・・・・・・・・・・・・・・・・・・・・・・・・・・・・・ 25
- ユダヤ人の学びは「問い」から始まり、「問い」のまま終わる ・・・ 27
- 答えは決してひとつではない・・・・・・・・・・・・・・・・・・・・・・・・・・・・ 30
- 普遍的な物事の本質をつかみとる・・・・・・・・・・・・・・・・・・・・・・・・ 31

第1部　ユダヤ式 本質をつかむ学びの原則

第1章
原則1：「なぜ？」の視点

- 「問い続ける」ことがユダヤ人の証・・・・・・・・・・・・・・・・・・・・・・・ 36
- 知識という常識への挑戦・・・・・・・・・・・・・・・・・・・・・・・・・・・・・・・ 37

- 教科書を疑ったことはあるか？ … 38
- 矛盾を「なかったこと」にしていないか？ … 42
- あらゆる学びは「なぜ？」から始まる … 44

~*CASE STUDY*~
　ゴーストライター問題：コンテンツの本質はどこにあるか？ … 46
- 音楽の価値の本質を考える … 47
- 「なぜ？」を求め続けた先にあるもの … 48

~*CASE STUDY*~
　90歳で出産したサラ … 50
- 逸話から何を学ぶのか … 51

~*CASE STUDY*~
　ふたりの泥棒 … 53
- すべての事実に疑いの目を向ける … 54
- 「事実」と「認識」を超えた「真理」をとらえる … 55
- 「再現できないものこそ、科学である」 … 56
- 「What」で考える日本人と、「Why」で考えるユダヤ人 … 59

~*CASE STUDY*~
　ユダヤ人的自己紹介 … 61
- 人生における最大の学びとは何か？ … 62
- 物事の本質に迫る「なぜ」 … 63

~*CASE STUDY*~
　仕事を再定義する … 66
- 「なぜ」がない者は滅びるしかない … 67
- 「Why」視点の学びが世界を変えていく … 68

第2章
原則2：原典主義

- 証拠を探せ！ ……………………………………………… 72
- 2000年以上受け継がれてきたユダヤ人の原典主義 ……… 73
- アメリカのエリート教育で見たもの …………………… 74

～CASE STUDY～
「ゲルニカ」の歴史的考察（アメリカ・ボーディングスクールの課題より） ……………………………………………… 76

- 「自分ならどのように考えるか？」という視点 ………… 77
- 「自分の認識」をつくる …………………………………… 78
- フィールドワークから「自分の考え」を手に入れる ……… 80
- 学びの質を決めるもの …………………………………… 82
- 知識が先か、批判的思考が先か ………………………… 83
- 欧米のエリート教育で暗記が重視されない理由 ……… 85

～CASE STUDY～
戦争の真の目的は？ ………………………………………… 87

- 私たちはミスリードさせられている？ …………………… 88
- 与えられた情報を鵜呑みにするリスク ………………… 90
- 現場・現物・現実にこそ学びの種がある ……………… 92
- 原典主義とビッグデータ ………………………………… 94
- 原典主義がイノベーションを生み出す ………………… 96
- 人工知能によって極まる原典主義 ……………………… 97
- 人工知能時代の学びの意味 ……………………………… 98

第3章
原則3：分類主義

- 学問の基礎をなす「分類」·········· 102
- ユダヤ人の"理屈っぽさ"の正体·········· 103

~ *CASE STUDY* ~
　安息日の床屋のルール·········· 106

- オール・オア・ナッシングの議論をやめる·········· 107
- 「ハサミが折れたらどうするか」まで想定できるか？·········· 108
- 「想定外」をなくすには·········· 110

~ *CASE STUDY* ~
　動物園の堀を何メートルにするか·········· 112

- 事前に未来を想定してはいけない·········· 113
- 分類によって最適解を導き出す·········· 113

~ *CASE STUDY* ~
　妨害工作のシナリオ·········· 116

- 戦時中のアメリカによる「サボタージュ・マニュアル」·········· 117
- 大分類から小分類へ、物事を具象化する·········· 118
- 最悪を想定しているか·········· 119

~ *CASE STUDY* ~
　「ユダヤ人批判」に反論せよ·········· 121

- 感情的にならないたったひとつのコツ·········· 122
- 小分類から大分類へ、抽象化による定義づけ·········· 122
- タルムードにみる分類主義·········· 125
- 分類が「検索」を生む·········· 127
- 物事を余すところなく「分類する」·········· 128

~ *CASE STUDY* ~
　「物を動かす」を分類せよ·········· 133

- ・「運搬」を100パターンに分類するには……………………… 134
- ・信念にもとづく「自分の定義」…………………………… 135
- ・分類の習慣が思考を深める………………………………… 137

第2部　ユダヤ人は何をどう学ぶのか
〜本質をつかむ学びガイド〜

第4章
歴史を学ぶ
〜サバイバル戦略としての歴史観〜

- ・なぜ歴史を学ぶのか………………………………………… 140
- ～*CASE STUDY*～
  AIIBにおけるイギリスの意図を歴史から読み解く………… 141
- ・現在は過去によってつくられる…………………………… 142
- ・中国の果たした歴史的役割とは？………………………… 144
- ・世界情勢を読み解くカギは"歴史認識"にある…………… 144
- ・あらためて歴史を学ぶ意味を考える……………………… 146
- ・歴史専門家こそがスーパーエリートである……………… 147
- ・歴史の学びは「なぜ？」から始まる……………………… 149
- ・問いを設定し、史料にあたって掘り下げる……………… 151
- ・世界の大局から事実をつかむ……………………………… 152
- ～*CASE STUDY*～
  三島由紀夫と河上肇の思想………………………………… 155
- ・戦中戦後の思想の変遷から何を学ぶか…………………… 156
- ・いま、右翼思想と左翼思想について考える意味………… 157

~*CASE STUDY*~
　歴史から紐解くエジプトの役割 ・・・・・・・・・・・・・・・・・・・・・・・・・・ 159
・イスラム教徒とユダヤ教徒は敵対関係にあるのか？ ・・・・・・・・・ 160
・歴史を知れば、物事の本質が見えてくる ・・・・・・・・・・・・・・・・・・・ 161
・ローマ文明の果たした役割を再定義する ・・・・・・・・・・・・・・・・・・・ 164

~*CASE STUDY*~
　トランプ発言にどう反論するか？ ・・・・・・・・・・・・・・・・・・・・・・・・・ 167
・いま起きている変化を敏感に察知できるか ・・・・・・・・・・・・・・・・・ 168
・ユダヤ人はサバイバルのために歴史を学ぶ ・・・・・・・・・・・・・・・・・ 169
・歴史を「追体験」する ・・・・・・・・・・・・・・・・・・・・・・・・・・・・・・・・・・・・・・ 171
・「命がけで反撃する」 ・・ 173
・未来への最善策を選びとるために ・・・・・・・・・・・・・・・・・・・・・・・・・・ 174

第5章
倫理／宗教を学ぶ
～マイノリティのためのグローバル戦略～

・倫理教育がユダヤ社会にもたらしたもの ・・・・・・・・・・・・・・・・・・・ 178
・生活の知恵としての倫理 ・・・・・・・・・・・・・・・・・・・・・・・・・・・・・・・・・・・ 179
・日本における倫理教育の失敗 ・・・・・・・・・・・・・・・・・・・・・・・・・・・・・・ 180
・倫理のベースには宗教がある ・・・・・・・・・・・・・・・・・・・・・・・・・・・・・・ 182
・日本人は宗教的マイノリティである ・・・・・・・・・・・・・・・・・・・・・・・ 184

~*CASE STUDY*~
　なぜあなたは生き残ったのか？ ・・・・・・・・・・・・・・・・・・・・・・・・・・・・ 187
　・根源的な問いに答えられるのは宗教だけである ・・・・・・・・・・ 188

~*CASE STUDY*~
　産科医の決断 ・・ 191
・宗教が示す倫理基準 ・・ 192

- 倫理が科学を発展させる……………………………………… 194
- 倫理とは、実行するものである ……………………………… 197
- 正義を実践する………………………………………………… 199

～CASE STUDY～
ミレー「落穂拾い」にみる倫理…………………………… 200
- 西洋絵画から読み解くツェダカの思想……………………… 201
- 「数えられるものに神の祝福はない」………………………… 202
- 物乞いがいない社会は本当に倫理ある社会か？…………… 203
- 厳格な食事規定が規律をもたらす…………………………… 204
- 自律心がよい人生をつくる…………………………………… 207

～CASE STUDY～
ユダヤ人とお金……………………………………………… 210
- 「まず捨てよ」から生まれるベンチャースピリット ………… 211
- 利益は社会のために使う……………………………………… 212

～CASE STUDY～
「アダムの創造」にみる倫理の意味………………………… 214
- なぜ、神は自分に似せて人間をつくったのか……………… 215
- 宗教をもたない日本人が倫理観を構築するには？………… 216

～CASE STUDY～
内部告発するか否か………………………………………… 218
- 企業の不祥事にみる日本人の倫理…………………………… 219
- 人としてのあり方を問う「なぜ」……………………………… 220
- ユダヤ人のビジネス倫理……………………………………… 222

第6章
言語を学ぶ
～能力を最大化するための言語力～

- グローバルスタンダードとしての英語・・・・・・・・・・・・・・・・・・・・・・・・・ 226
- 単一言語国家はマイノリティである ・・・・・・・・・・・・・・・・・・・・・・・・・ 227
- 神の怒りが多言語を生んだ ・・・・・・・・・・・・・・・・・・・・・・・・・・・・・・・・・ 229
- イノベーションは多言語から生まれる・・・・・・・・・・・・・・・・・・・・・・・ 230
- バイリンガル教育は本当に有害なのか・・・・・・・・・・・・・・・・・・・・・・・ 232
- バイリンガルの脳科学的な優位性・・・・・・・・・・・・・・・・・・・・・・・・・・・ 234
- 多言語環境が育むシンプルな物の見方・・・・・・・・・・・・・・・・・・・・・・・ 236
- シンプルさがイノベーションを生み出す ・・・・・・・・・・・・・・・・・・・・ 237

～CASE STUDY～
言葉とは何か？(「創世記」より)・・・・・・・・・・・・・・・・・・・・・・・・・・・・ 239
- 宇宙の始まりに言葉があった・・・・・・・・・・・・・・・・・・・・・・・・・・・・・・・ 240
- 言葉がもつ、本質的な意味・・・・・・・・・・・・・・・・・・・・・・・・・・・・・・・・・ 241

～CASE STUDY～
「好き」を言い換えよ・・・・・・・・・・・・・・・・・・・・・・・・・・・・・・・・・・・・・・ 243
- 語彙力とは、生きる力である・・・・・・・・・・・・・・・・・・・・・・・・・・・・・・・ 244
- 文明は多言語により生まれた・・・・・・・・・・・・・・・・・・・・・・・・・・・・・・・ 245
- シリコンバレーがイノベーションを生む理由 ・・・・・・・・・・・・・・・ 247
- 語学学習は、いつからでも遅くはない・・・・・・・・・・・・・・・・・・・・・・ 248

参考文献・参考資料 ・・・ 250

序章

生き残るためには、学ぶしかない

生きることは学ぶことである

あなたにとって、「学ぶ」とはどういうことだろうか。

「学び」＝試験や仕事のために嫌々行うものというイメージが、大半の日本人の認識ではないか。

一方、ユダヤ人にとって、学びとはまったく別の意味合いをもつ。Googleの創立者ラリー・ペイジ、セルゲイ・ブリン、facebookのマーク・ザッカーバーグ、Dellのマイケル・デルなど、世界の名だたる大企業の創立者の半分以上を占め、またノーベル賞受賞者の3割を構成するほどの高い知的生産性を有するユダヤ人にとって、学ぶことは生活そのものであり、一生続いていくものである。

というのも、ユダヤ人の学びは、学校に通う前のまだ幼い頃から始まり、死ぬまで途切れることはない。

ユダヤ人が「学びの民」「学問の民」と呼ばれるゆえんである。

ユダヤの家庭では、子どもが3～4歳になると、親がヘブライ聖書の読み聞かせを始める。もちろんヘブライ聖書が書かれたヘブライ語を使う。

小学校にあがると、学校でヘブライ聖書を勉強するが、ふつうの学校とは別に熱心なユダヤ人が通う宗教学校があり、ここではヘブライ聖書とその解説書であるタルムードを集中的に勉強するのである。

また、学校とは別に、毎週土曜日には、家庭やシナゴーグと呼ばれるユダヤ教の礼拝所で、ヘブライ聖書のモーゼ五書（トーラーと呼ばれている）を54等分したものを一つずつ読んでいく。1年かけてトーラー全編を一通り読み、これを毎年くり返していくのである。

私がユダヤ教への改宗を目指したときも、勉強に次ぐ勉強が求められた。ラバイと呼ばれる宗教的指導者について勉強する1対1の講義では、ユダヤ人の歴史に始まり、ヘブライ聖書とタルムード、ユダヤ人の生活習慣などを3年半かけて学んだあとに、司法試験の論述試験に匹敵するほど難しい改宗試験が待っていた。

　難関の改宗試験に合格してようやく、私はユダヤ人と認められたのである。改宗のために、これほどの猛勉強を求める宗教は、ほかに聞いたことがない。

　ユダヤ教に改宗しても、私の勉強が終わったわけではない。
　ユダヤ教やユダヤの世界を勉強するにつれ、私の知的好奇心は大いに刺激されるとともに、世の中にはまだまだわからないことがたくさんあることに気づいた。
　ユダヤ式の学びに興味や好奇心が尽きることはない。
　私はこれからも、死ぬまで学び続けていくだろう。「学び」のない人生は「死」んでいるに等しい。

ユダヤ人が学び続ける理由

　ユダヤ人の学びの中心には、まず、聖書とタルムードがある。
　このふたつを教材にした学びの機会が、幼少期から青年期、成人期を通して、家庭や学校、シナゴーグを中心とするコミュニティなどユダヤ社会全体で提供されている。
　このことからもわかるように、ユダヤでは学習と宗教は密接に結びついている。学ぶことは、祈ったり、礼拝所に行ったりすることと同じく宗教行為そのものである。つまり、学びは祈りと同じように宗教行為と位置づけられているのだ。

それは、なぜなのか。

　その理由は、ユダヤ教が偶像崇拝を禁止していることと関係する。

　ユダヤの神は、偶像、画像など一切の形をもたない存在とされている。したがって、仏教やキリスト教のように、仏像やキリスト像、十字架といった拝む対象がない。

　具体的な対象がないからこそ、神がモーゼに書かせたとされるモーゼ五書を一生かけて勉強し、神という存在を理解するのである。

　ヘブライ聖書には、「神は天と地を創造した」と書かれていて、この世のすべては神によってつくられたとされている。つまり、この世の中のどんなことでも――たとえば音楽、絵画、機械工学、物理学、経済学などあらゆる分野の学問でも――必死に勉強すれば、神という存在を理解する手がかりになるとユダヤ人は考えている。

　ユダヤ人にとっての学びとは、神の存在、神の意志を理解し、みずからよりよいユダヤ人として生きていくために欠かせないものなのである。

　逆に、学ぶことを止めてしまったらどうなるか。

　これが「神」ですよ、と明確に示すものが何もないなかで、神の教えに従って生きよ、と言われても戸惑うばかりである。たとえるなら、暗闇の中で目的のものを探せ、と言われて暗中模索してあがいている状態である。これは大変なストレスである。

　目的のものを探すには、まずは暗闇の中で電気のスイッチを探し、部屋を明るくしなければならない。この「電気のスイッチを探すこと」が、すなわち「学ぶ」ことであり、学ばなければスイッチにたどり着かないという強迫観念にかられているのがユダヤ人なのである。

ユダヤ人は何を学ぶのか？

ユダヤ人は宗教の聖典を勉強する。

——こう書くと、神という名のもと、絶対的教義を、有無をいわさずに押しつけられたり、植えつけられたりするのではないかと、ネガティブなイメージを抱く人も多いかもしれない。

しかし、私が経験してきたユダヤ教の勉強は、そのようなことはまったくないのである。「死後の世界はこうだ」とか、「神を信じろ」という押しつけや決めつけは皆無だった。もし、そうした内容だったら、私は即刻、興味を失っていただろう。

ヘブライ聖書（モーゼ五書の他に、Neviim、Ketuvim、Hamesh Megillotなど）やタルムードおよびミシュナに馴染みのない読者も多いと思うので、まずはヘブライ聖書やタルムード、ミシュナとはどんな書物で、そこには何が書かれているのか簡単に紹介しよう。

ヘブライ聖書（旧約聖書ともいう）は、いわずと知れたユダヤ教の正典である。聖書の内容をあえてひと言でいうなら、2000年以上前の古代ユダヤ民族の歴史が物語形式で語られたものである。

なかでも「トーラー（律法）」と呼ばれるモーゼ五書は、神がモーゼを通じてイスラエルの民に授けたとされる10の戒めを定めた「十戒」をはじめ、神との契約を記した民族の基本書であり、ユダヤ教徒の生活規範を示した権威ある書物と位置づけられている。モーゼ五書は、創世記、出エジプト記、レビ記、民数記、申命記の5冊で構成している。

一方、タルムードは、ヘブライ聖書に書かれた物語をどう解釈するかを議論した、ヘブライ聖書の解説書といえる書物である。古代ユダヤのラバイたちによる議論が収められており、4世紀から5世

紀にかけて、バビロニア（現イラクのバグダッド）とパレスチナで完成したといわれている。

タルムードが網羅する分野は、祈りや安息日、食事、祭り、健康など生活様式や生活規範に加え、哲学、神学、歴史、科学、医学、数学、天文学、心理学まで幅広い。全30数巻、6200ページにも及ぶユダヤ学の総合体系全集である。

そのタルムードの中心を構成するのがミシュナである。ミシュナはユダヤに伝わる口伝律法集を集積したものである（なお、ミシュナについては30ページ参照）。

ヘブライ聖書がユダヤ人に読まれ続けているのは、それが単なる神をたたえる宗教書ではなく、ユダヤ民族の歴史書であり、人間を赤裸々に描いた人間の物語であり、自然科学を宗教的視点から検証する科学書でもあり、読む人の知的好奇心を刺激する魅力ある読み物だからである。

ヘブライ聖書が科学書であるとは、読者には少しわかりづらいかもしれない。

補足すると、ユダヤ人は聖書を読むとき、最先端の自然科学の研究は聖書の記述と比べてどうかという視点を必ずもっている。そうすることで、聖書をまるで自然科学の学問書のように読めるのである。

たとえば、創世記の冒頭には、「はじめに神が天地を創造された」と書かれている。これを荒唐無稽な話と決めつけるのは簡単だが、ユダヤ人は聖書に描かれた宇宙の誕生について、現代科学で提唱されている「ビッグバン理論」との整合性や矛盾を検証するのである。

超高密度、超高温度のひとつの小さな塊から大爆発によって宇宙が誕生したというビッグバン理論。かたやヘブライ聖書には、「最

初に暗闇があった。神がそこから光を解き放たれた」と書かれている。最新の学問の研究は、聖書の記述とどの点で合致し、どの点で食い違っているのか。一旦入ったらどんなものも出ることができず、光をも取りこんでしまうブラックホール（暗闇）から光が解き放たれることは、ビッグバンそのものなのか。

　これらを冷静に検証することで、聖書の記述への理解を深めるだけでなく、自然科学を新たな視点で学び直すことにもつながるのである。

ユダヤ人の学びは「問い」から始まり、「問い」のまま終わる

　現代科学の理論と聖書の記述の整合性や矛盾を検証するうえで大事なことが、疑問をもって聖書に臨むことである。
　ユダヤ人は、何事にも疑問をもつことを大切にしている。
　たとえば聖書の記述について、「**これはなぜこう書かれているのだろうか**」「**この言葉の意味は何だろう**」「**おかしな記述や矛盾はないだろうか**」と疑問をもち、また日常生活のちょっとしたことにも疑いの目を向ける。
　そうすることで、物事を深く検証し、自分なりの答えや考えを見出すことができるからである。
　この「問いかけ」のアプローチについては、第1章で詳しく述べていく。

　疑問をもったら、その疑問を検証し、物事の理解を深めるために、ユダヤ人は読書を活用している。ユダヤ人は、「学びの民」であるのと同時に、「書物の民」と自他ともに認めるほどの読書好きでも

ある。

　ユダヤの家庭には、たいてい本がたくさんある。テレビを観ることは、まずない。

　ユダヤ人の本の読み方には特徴がある。
　日本人の場合は、知識を吸収するために本を読み、本の内容を覚えようとする読み方が多いのではないか。しかし、ユダヤ人の場合は、本を読むときも批判的な視点を意識し、内容を吟味・検証しながら読む。**本に書かれた内容を参考に、自分なりの考えや解釈を構築していくことを学びのゴールとする**からである。
　ユダヤ人が書物や資料をどのように読んでいるかは、第2章でも触れているので参考にしてほしい。

　自分の考えを深めるうえで、ユダヤ人が最も大切にしている習慣が、議論である。聖書やタルムードの勉強会はもちろん、プライベートのランチの席であっても、ユダヤ人同士が集まれば必ず議論が始まるほどの議論好きである。
　たとえばこんなことがあった。
　5〜6人が集まった夕食の席で、あるユダヤ人の女性が、「自分の家に侵入してきた者を捕まえてみたら、同胞のユダヤ人だった。この場合、警察には突き出すのか、突き出さないのか」という命題を提示した。夕食の席だったが、たちまち議論が始まった。
　異論や反論は大歓迎である。異なる意見を戦わせるなかで、相手のロジックをどう崩そうか、相手をどう説得しようかと考えるときが最も思考が活発になるからである。
　ユダヤ人にとって議論は、人生や学びを楽しくするエンターテインメントのようなものであると同時に、学校やシナゴーグでの聖書

学習や家庭での学びの核にしっかりと位置づけられていることも強調しておきたい。

　ユダヤの学校では、授業のほとんどの時間は議論に費やされる。日本で学校の授業といえば、教師が教科書に沿って話し、それを生徒が聞き、板書をノートに写すスタイルが一般的であるのとは対照的だ。
　宗教学校を例にすると、聖書を学ぶ授業では、生徒たちにはあらかじめ聖書にもとづく議論のテーマが示され、そのテーマについてさまざまな説が記述されたタルムードの該当箇所を読み込んでおくことが予習となる。
　授業では、生徒がふたり一組で向かい合わせになり、1対1で議論を戦わせる。タルムードに書かれた説を参考にして、「自分はこう考える」「自分はこの意見に賛成だ。なぜなら……」といったことを自分の言葉で述べるのである。
　教師は何をするかというと、議論の足りないところや、論理の整合性や矛盾などを指摘するなどして、生徒同士の議論を活性化させるのが役割である。
　ユダヤ人の議論の習慣と、それによる思考力トレーニングについては、拙著『ユダヤ式Why思考法』（日本能率協会マネジメントセンター）に詳しく書いたので参照いただきたい。

　教師や書物から知識を闇雲に吸収しようとする日本的な学びとは大きく異なり、読書や議論によって自分なりの考えを深めていくところに、ユダヤ式学習の特徴がある。
　両者の違いを決定づけるものは、やはり「問い」の存在だ。
　学びの出発点に「問い」があること。学びの到達点も「問い」で

終わること。問いを設定することで、学びはより深く、独創的で、おもしろいものになるのである。

答えは決してひとつではない

ユダヤ式の学びに、「正解」はない。

こう書くと、教師から答えを教えてもらう学習スタイルに慣れ、何事にも正解を求めたがる人にとっては、居心地の悪さを感じるかもしれない。

実際に、前述の宗教学校での生徒同士の議論では、皆でひとつの結論に至ることをゴールとしていないし、教師も自分の考えを押しつけたり、唯一の正解に議論を導いたりしない。

あくまで一人ひとりが自分なりの考えを構築することを大切にしている。

ヘブライ聖書の解説書であるタルムードにも、「これが正しい解釈である」という答えが書かれているわけではない。タルムードは議論集であり、ヘブライ聖書の記述をどう解釈するかについて、ラバイたちの議論が書かれている。

タルムードの構造を見てみると、ページの中央に、「ミシュナ（Mishnah）」と呼ばれる、掟や生活規範に関する文章が配置されている。それを取り囲むように、「ゲマラ（Gemarah）」と呼ばれる解説部分がある。ここに、ミシュナにまつわるラバイたちの膨大な議論の一部始終が事細かに記されているのである。

ひとつのミシュナに対し、10もの異なる説が何ページにもわたって書き連ねられていることも珍しくない。

「何百年にもわたって博識なラバイたちが議論を重ねてきたのなら、

そのうちの最有力説を『これがユダヤの最終的な統一見解です』と打ち出せばいいじゃないか」と突っ込みたくなるかもしれないが、いくつも分裂した意見と議論のプロセスをわざわざタルムード上に再現し、あらゆる時代のユダヤ人に一から議論させるのがユダヤ式なのである。

その理由は、ひとつには、**議論することにこそ価値がある**と考えるからである。

そしてもうひとつは、**「答え」は時代とともに変わる**からである。

特に変化の激しい現代社会では、昨日正しかったことが、今日も正しいとは限らない。昨日の答えにしがみつくほど、世の中の変化に対応できなくなることは、読者もよくご存知だろうと思う。

たったひとつの正解を求めるよりも、「問い」を設定する力こそユダヤでは重視する。つねに「問い」を設定し、問題を明らかにし、自分なりの考えや答えを見出す。このほうが、変化の激しい現代社会に求められている能力といえるのである。

▶ 普遍的な物事の本質をつかみとる

ユダヤ人の学びの核となる聖書とタルムードは、どちらも2000年ほど前に書かれた古典である。

普遍的で、変わらない価値を提供するのが古典のよさであるが、こうした普遍的なものにじっくりと向き合い、物事の本質を学ぼうとする姿勢も、ユダヤ式の学びの大きな特徴である。

普遍的なものに向き合う姿勢は、ここ1年とかここ1ヶ月という短期視点の出来事を追いかけない姿勢でもある。

現代はモノや情報があふれ、新しいものが生まれては消えていく、変化の激しい時代である。だからこそ情報のアンテナを張り、ニュースや流行を誰よりも早くキャッチしなくては競争に勝てない、と焦る気持ちもわからなくはない。しかし、そうした情報のおそらく99.99％は、時間が経てば価値をなくす一過性のものばかりだ。

　かといって私は、「新しいものや流行は意味がない。興味を示すな」と言いたいわけではない。ユダヤ人だって新しいものは好きだし、最新技術や世界情勢には敏感で、流行りのIT機器をいち早く取り入れてみたりもする。

　ただ、経済であれ投資であれ、ビジネスであれ、それらは人間の営みであるからには、「人間とは何か」を知らなければ成功しない。

　ユダヤ人に経済的成功者が多いのは、ユダヤ人でない人々（日本人など）が「人間とは何か」を知らずに、一過性のニュースに振り回され、必然的に経済的損失を被ることが多いからだろうと思う。世界中の人々が"ユダヤ人的"であれば、ユダヤ人の成功は目立ったものにはならないだろう。

　連日メディアを賑わせるワイドショーや、誰がこう言った、ああ言ったというニュース番組を見ているだけでは、人間の本質や、物事の本質を学ぶことはできない。やはり、聖書のような人類の知的遺産ともいえる書物にじっくりと向き合い、人生や宗教など普遍的で根源的な問題について考え、学ぶことが大切である。

　物事の本質を理解している人は、情報過多の時代においても、表面的な事柄に惑わされることはない。必要な情報とそうでない情報を瞬時に見分けるだけでなく、表面に表れない変化も敏感に察知することができるのである。

　どんなにテクノロジーが進化しても、社会構造が変わろうとも、

人間や物事の本質は変わらない。本質を理解していれば、未来を予測することができる。
　また、世の中を変えるあっと驚くようなイノベーションも、本質を理解していることから生まれるのではないか。

　本書では、本質にたどり着くための手段として、ユダヤ式の学びの手法を紹介する。
　ユダヤ人はどのような視点をもって、何をどのように学んでいるのだろうか。世界最高レベルの知的生産性を支える学びの姿勢を、少しでも感じ取ってほしい。

第1部

ユダヤ式 本質をつかむ学びの原則

第 1 章

原則1:
「なぜ?」の視点

「問い続ける」ことがユダヤ人の証

　ユダヤ教では、神を無条件に信じてはいけない。
　ユダヤ教徒には、「信じる」ことではなく、本当に正しいかどうかを「問い続ける」ことが求められる。
　——こう書くと、「信仰とは、神様仏様を信じて崇めることではないか？」という疑問を抱く人もいるかもしれない。
　神という存在を絶対的なものとして信じて疑わないことが、「信仰心が厚い」ということであり、神の存在を疑う者は背教者と呼ばれても仕方がないのではないか。
　しかし、これは正しい認識ではない。
　神の存在をやみくもに信じる者、すなわち盲信者や狂信者はユダヤ教徒にはなれない。
　なぜなら、盲信者や狂信者は「神」という存在を真に理解することはできないと考えられているからだ。
　「神がなさることは絶対だ」と信じて疑わない者よりも、「なぜ神はこんなことをなさるのか？」、「神のこの行為にどんな意味があるのか？」と問いかけ、神の意図を知ろうと努める者のほうが、「神」という存在を理解することができる。むしろ「神」という存在に近づくために、ユダヤ人は問い続けるのである。

　たとえば、ユダヤ教では、食べてはいけないものと食べてもいいものが食事規定「コーシャー」によって細かく規定されているが、「なぜ『〇〇を食べてはいけない』とヘブライ聖書に書かれているのか？」とユダヤ人は議論している。あるいは、週の7日目は安息日と定められ、いかなる労働も行ってはならないという戒律があるが、「それはなぜか？」と意見を戦わせている。

つまり、ユダヤ人なら当然守るべき戒律であっても、盲目的に従うのではなく、「なぜか？」を問うことで、戒律を遵守することの意味を自分なりに考え、理解を深め、自分の意志でそれらの決まり事に従っているのである。

　ユダヤ人は宗教の実践を通じて、あらゆることに「なぜ？」と問いかける姿勢を追求してきた。

　問い続けることこそが、ユダヤ人の文化であり、ユダヤ人の生き方そのものといえるだろう。

知識という常識への挑戦

　いまはインターネットが当たり前で、私たちはあらゆる世界の情報を瞬時に検索できる。アメリカの議会図書館や日本の国立国会図書館、その他政府関係資料や学術論文……、インターネットを使えば、膨大な量の情報から必要なものを手に入れることも可能だ。たとえば大化の改新が何年に起きて、聖徳太子の「十七条の憲法」が何年につくられたかということを忘れても、インターネットという頭脳にアクセスすれば何でも教えてくれる。

　こうした時代において、従来の知識教育や暗記教育の意味が極めて限定的であることは、誰の目にも明らかであろう。

　ならば私たちが追求すべき学びは何だろうか。

　それは、単なる知識や情報の獲得ではなく、学びから何かを生み出すことではないだろうか。**知識という常識へ挑戦し、その先の新たな価値の創造にこそ、私たちの学びの意義はあるのだ。**

　ユダヤ人は、ヘブライ聖書に書かれた一語一語にも疑問を投げかける。それは文字だけからでは読み取れない、神が自分たちにあて

た真のメッセージを理解するためである。そうして一人ひとりが自分の頭で考えたオリジナルな意味を見つけ、自分の人生に活かしていくのである。

ユダヤ人の問いかける姿勢は、私たちに「学ぶ」ということについて多くのことを教えてくれる。

それは、**何事も批判的に考え、「それはなぜか？」と考えることが既存の知識への挑戦であり、学びのスタートである**ということだ。

この章では、ユダヤ式学びの原則のひとつめとして、「なぜ？」の視点について考えていく。

教科書を疑ったことはあるか？

まずは、既存の知識に挑戦するとはどういうことか、日本史の授業を想定して再現してみよう。

先生　「聖徳太子の十七条の憲法は知っているか？」
生徒　「はい、知っています」
先生　「そこにはどんなことが書かれているか知っているか？　知っている人は2、3挙げてみてくれないか」
生徒　「先生、その前に質問があります。十七条の憲法は、本当に聖徳太子が書いたのですか？」
先生　「なかなかいい質問だ。誰かほかに十七条の憲法は聖徳太子が書いたということについて、サポートできる情報をもっている人はいないか？」
生徒　「そもそも十七条の憲法は、聖徳太子が書いた直筆のものが現存するのですか？」
先生　「それもいい質問だ。さあ、現存するかどうか皆で調査し

てみよう。早速パソコンを開いて検索してみよう」

生徒　「検索した限りでは、十七条の憲法が現存するかどうかについては定かではありませんが、あるネット情報によると十七条の憲法は直筆のものは現存しない、と書かれています」

先生　「なるほど、そうすると、十七条の憲法は聖徳太子が書いたかどうかについて、まず我々は検証するべきだと思うが、どう思う？」

生徒　「そのとおりです。仮に現存していても、それが聖徳太子の直筆かどうかがわからないと思います。なぜなら筆跡鑑定ができないからです。そのうえ、現存していないとなると、十七条の憲法を聖徳太子が書いたかどうかも過去の史料にもとづいて判定する以外にないと思います。この点が議論されるべきだと思います」

先生　「そのとおりだ。私からひとつだけコメントしておこう。それは、歴史というのは多くの場合、後世の歴史家によって書かれているということだ。それが史実かどうかは、君たちが自分の手で史料を集めて、自分で考えなければならない問題だ。それでは今日は、十七条の憲法は本当に聖徳太子が書いたものかを君たちが図書館に行って徹底的に調査し、それを元に次回議論することにしよう」

　これは批判的に考えることのサンプルとして、私が創作したものである。
　ここでは「聖徳太子が書いた直筆の十七条の憲法は存在するのか」が議論になっているが、日本の授業では、まずこのような疑問がも

ちあがることはないだろう。「十七条の憲法は本当に聖徳太子が書いたのか」などという質問は、授業の進行を邪魔するものとみなされるだけだ。

しかし、何事に対しても「なぜか？」「それは本当か？」と考えるユダヤ人なら、このような会話はごく普通である。

日本史の教科書には、「聖徳太子が十七条の憲法を制定された」と書いてあるが、それが本当に事実であるためには、次の４つが事実でなければならない。

1．聖徳太子という人物が存在した
2．その人物が十七条の憲法の全文を自分で書いた
3．その条文を書いたもの（紙や木簡など）がある
4．その書いたものを見た人が教科書を書いている

日本の学校では、教科書に書いてあることを絶対的に正しい歴史的事実として教えるから、１から４までを議論することはまずないだろう。

一方、ユダヤ人なら１、２、３、４のすべてを疑う。

聖書に書かれていることすら疑問をもち、議論をするのだから、当然のことである。

ユダヤ人なら必ず「十七条の憲法の現物を見せろ」と主張する。そんな彼らを説得するには「現物」を見せるしかない。そこで「日本の国が認定した教科書に書いてあるから、現物を見せる必要はない」と反論でもすれば、ユダヤ人は早速その教科書の著者に電話して問い正すだろう。

ユダヤ人　「もしもし、歴史学の〇〇教授ですか」
教授　　　「はい、そうです」
ユダヤ人　「先生の書かれた〇〇教科書に聖徳太子が十七条の憲法を定めたと書いてありますが、先生は現物を見られたのですか？」
教授　　　「あなた、失礼じゃないですか。かりそめにも私は大学教授ですよ。私が嘘を書くわけがない」
ユダヤ人　「私はマグナ・カルタの現物を大英図書館でこの目で見てはじめて信用しましたが、先生は自分で見ていないものを信用しているのですね」

　じつは、聖徳太子の十七条の憲法の現物は日本には存在しない。
　国立公文書館にも、宮内庁にも、法隆寺にも大阪の四天王寺にも、どこにも存在しない。誰も見たことがないのである。したがって、前述の3（その条文を書いたもの（紙や木簡など）がある）と4（その書いたものを見た人が教科書を書いている）は否定されることになる。
　ユダヤ人は、「そもそも『神』を見たこともないのに、どうして神が存在するというのか」と常に考えている民族だから、「見たこともないものがどうしてあると言えるのか？」という疑問がとても重要だ。
　4つの条件のうち3と4が崩れたとなると、1（聖徳太子という人物が実在した）と2（その人物が十七条憲法の全文を自分で書いた）についても、疑ってかからないといけない、となるのだ。

▪ 矛盾を「なかったこと」にしていないか？

　何でも信じやすい日本人の性質は、民族的・宗教的な背景も影響しているのだろう。

　日本人は日本列島に安住してきた「安住民族」だから、居住する国土があり、安全が保証されている。そのため物事を疑う必要はない。

　一方、ユダヤ人は居住する国土がない（なかった）から、まずは物事を疑ってかからないと身の安全すらないという背景がある。

　また、日本人は仏教、神道、キリスト教、民族信仰と多くの宗教をもつ多神教だ。したがって、矛盾することが同時に起こっても、「なぜだろうか？」と考える必要がない。「それは別の神がいらっしゃって、そうしておられる」と考える。

　一方、ユダヤ人の神は唯一神だから、物事はすべて統一理論で解明されなくてはならない。すべては唯一神が統制しているからだ。だから矛盾に対しては我慢がならないし、**何事も少しでもズレがあると、疑問をもつのである。**

　同じ日本人でも、子どもは違う。

　好奇心旺盛で、目にするあらゆる物事に興味をもち、「なぜ？」「それはどうして？」と疑問を投げかける。

　夜空にまばだく数えきれないほどの星々を見上げて、子どもならこんな疑問をもつかもしれない。

　「星と星の間は何でできているの？」

　この疑問に対して、大人のあなたが「星と星の間は何もないんだ

よ」と答えたならば、「見えないものは存在しない」という固定概念を子どもに押しつけることになる。

現代の科学では、宇宙の27%は光も電波も放射線も何も出さない目に見えない「ダークマター」と呼ばれるもので埋め尽くされているといわれている。

「見えないものは存在しない」という考え方は、「(十七条の憲法を)見たことはないが存在する」と考えるのと同じくらい危険な固定概念なのである。

また、身近なところでは、コーヒーショップのテーブルに置かれているコーヒーフレッシュを見て、子どもはこんな疑問をもつのではないだろうか。

「牛乳は冷蔵庫で保存するのに、このミルクはどうして冷蔵庫に入れなくても大丈夫なの?」

調べてみればわかるが、コーヒーフレッシュには、牛乳や生クリームなどの乳製品は使われていない。その正体は、日持ちがよくなるよう変質させたトランス脂肪酸の塊である。常温でテーブルの上に何ヶ月も置いても問題にならないのはそのためだ。

ところが、コーヒーフレッシュが牛乳や生クリームでつくられていると思っている人は多い。ちょっと考えてみればわかることだが、常温で置きっぱなしの状態で大丈夫な牛乳なんてあるのだろうか、と疑問がわくのが当然なのである。

大人になるにつれ、いろんな物事に慣れて、疑問に思わなくなったり、「まぁ、いいか」で済ませてしまうことがある。

また、矛盾を感じてもなかったことにしてしまうのは、「そういう意見もあるかもしれない」という日本人の多神教性、そして、教科書と先生が"絶対的な存在"と教え込む教育の問題などが考えられるだろう。

　しかし、これではいつまでたっても物事の本質にはたどり着けない。
　まずは、教科書や身のまわりのことも含めて、あらゆることを疑ってみる。すべての学びはここから始まるのだ。

■ あらゆる学びは「なぜ？」から始まる

　もう少し具体的にいうと、**あらゆることに「なぜ？」と問いかけることから、本質的な学びは始まっていく**。医学、科学、政治学などあらゆる学問は、「なぜ？」から始まるのだ。
　たとえば、同じ日に生まれた人が同じ日に死ぬわけではない、ということは誰もがもっている常識だろう。人は生まれたときから体の大きさや体質も違えば、成長速度も違う。そうした個体差が寿命にも影響する。人間だけではない。犬や猫など動物にも個体差があり、個体によって寿命が異なってくる。
　こうした事実に対して、「なぜ個体によって寿命が違うのだろう」という疑問から勉強を始めたら、欧米の有名大学の医学部の教授になれるくらいの論文が書けるかもしれない。なにしろ、個体寿命の違いは、生物学では最も大きな命題といっていいからだ。
　なお、調べていくと、生き物の中には、寿命の違いがほとんどないものもある。線虫がいい例で、線虫の寿命は大体３週間と決まっている。そうなると、人間や動物の個体寿命に差が生まれるのはな

ぜか、という疑問がますます膨らむだろう。

その疑問から、ダーウィンの進化論、活性酸素説など、さまざまなテーマへと発展していくかもしれない。

なお、活性酸素説（活性酸素が遺伝子を傷つけていくスピードに個体差があるから寿命が違う）のアプローチをとるなら、活性酸素はどこに発生するのか、という問いにも発展する。活性酸素は、細胞中のミトコンドリアがエネルギーを出すときにつくられる。ここまでくると、分子生物学という最先端の分野にも関心が及ぶ。

こうして身近で素朴な疑問が入り口となり、じつにさまざまな分野へと学びが広がっていくのである。

世間を騒がせたゴシップも、「なぜ？」という視点で考えると、興味深い学びの種になる。

たとえば、次のような問いかけだ。

CASE STUDY
〜ゴーストライター問題：コンテンツの本質はどこにあるか？〜

　以前、ある作曲家がつくった音楽がゴーストライターの作品だったことが発覚し、騒動になったことがあった。そのとき、それまでは耳が聞こえない天才作曲家として多くのファンを得ていたその人の音楽作品は、ニセ作曲家だとわかった途端、店頭から消えた。なぜだろうか？

　あなたの考えを述べよ。

音楽の価値の本質を考える

　作曲家がニセモノだったという理由で、CDの出荷は停止され、店に並んでいたCDも回収された。レコード会社としてはそれが適切な対応だったのだろう。
　ただし、この出来事は、私たちに「音楽とは何か」を考えさせてくれる機会でもあった。

　ニセ作曲家の問題を考える前に、音楽について別の視点から考えてみたい。
　日本でピアノを習った人は、「楽譜どおりに弾きなさい」と教えられたのではないだろうか。楽譜に書かれたテンポや強弱を守って演奏することで、作曲家の意図を忠実に再現する。たまに自己流で弾こうとすると、先生はあまりよい顔をしなかったものだ。
　譜面重視の傾向は、日本で活躍する演奏家全般にいえるようだ。演奏家のオリジナリティを表現するよりも、作曲家の意図をくみ取り、それを表現することに力点を置く。これが「音楽の良し悪し」の基準とされているように感じる。
　だが、そもそも作曲家の意図とはどんなものなのか。譜面で指示されたテンポや強弱に従うことが、作曲家の意図をくみ取ることになるのだろうか。
　たとえば、モーツァルトが音楽に込めた意図を理解するには、作曲家が何を考えどう生きたのか、彼が生きた時代や環境に自分の身を置いて考えなければ理解できないだろう。曲を捧げたスポンサーも曲によって違ったはずである。

また、こんな疑問も生まれてくる。
　作曲家の意図が重要だというなら、演奏家の意図はどうなのだろう。演奏家の意図はどうでもいいのだろうか。
　「なぜその人が音楽をつくったのか」という理由があるように、「なぜその人が演奏するのか」という理由もあるはずだ。
　演奏家によって、うまいか下手かの違いはあるだろうが、もし演奏家Aと演奏家Bの奏でる音楽が同じように聴こえるなら、これほどたくさんの演奏家が存在する意味がなくなってしまう。わざわざいろんな演奏家のコンサートに足を運ぶ必要もない。

　イタリアやスペイン南部のオペラ歌手のパフォーマンスを見ると、楽譜どおりであることには、あまりこだわっていないように感じられる。演奏家が、自分の解釈をもとに音楽に魂を吹き込みながら情熱を込めて歌い、その音楽を通じて自分の想いを伝えようとしている。
　ミラノのスカラ座で日本人歌手がなかなかデビューしないのは、もしかすると、楽譜どおりに歌おうとする日本人歌手の情熱が、イタリアの観客に伝わらないことが一因かもしれない。

■「なぜ？」を求め続けた先にあるもの

　話は、先ほどのゴーストライター問題に戻る。
　ニセモノとわかる前はCDが売れていたということは、多くの人が彼の音楽に感動していたということだろう。それがニセモノだと知れた途端、誰も買わなくなるというのはなぜだろうか。
　読者はこの出来事に疑問を抱くことはなかっただろうか。

作品が良くて感動していたのに、偽装作品とわかった途端に感動しなくなるということなのだろうか。偽装であろうがなかろうが作品の良さには関係ないだろうに。

　では、過去の有名なクラシック音楽はどうだろうか。すべて作曲家本人が書いたものなのだろうか。
　調査していけば、作曲家本人ではなく、弟子が代作していたケースもあるかもしれない。
　1000曲以上もの膨大な作品を残したバッハには、本人が作曲したかどうか明らかではない作品も多数存在するという。作品数からいえば、ゴーストライターがいなければ到底なし得なかった偉業ともいえる。
　音楽だけではない。
　たとえば、浮世絵の琳派を代表する尾形光琳の絵は、本当に本人が描いたものなのか、それとも弟子たちが力を合わせてつくったものなのか、という疑問もあり得るだろう。そもそも尾形光琳という画家はこの世に存在したのか——こういった疑問から美術史に興味をもって学び始めることも、なかなかおもしろい学びになりそうだ。
　しかし、日本ではそのような卒業論文は認められないおそれはある。「尾形光琳は存在するし、あれは尾形光琳の絵なのだから、いまさら否定するようなことを言うな」という話になる可能性もあるだろう。
　このように、「なぜ?」から始めると、人はなぜ芸術に感動するのか、ゴッホという有名な画家だから感動しているのか、それとも絵画そのものに感動しているのか、そもそも芸術とは何なのか、という根源的な問題に行き当たる。
　それを考えることこそが、本当の学びではないだろうか。

CASE STUDY
〜90歳で出産したサラ〜

　ヘブライ聖書では、100歳のアブラハムと90歳のサラという夫婦の間に子ども（イサク）が生まれる話がある。神がサラとアブラハムの生殖細胞と生殖器を若返らせ、自然妊娠および自然出産させるのである。

　このとき、神はどのようにしてこれらを可能にしたのか。サラの卵巣に、京都大学・山中伸弥教授が研究開発したiPS細胞のような細胞工学的手法を用いたのか。そうでないとするなら、神はどんな手法を用いたのか。あなたの意見を論ぜよ。

逸話から何を学ぶのか

ヘブライ聖書は、数多くの超自然的な逸話に満ちている。

ユダヤ人はそれらが実際に起こったと考えるから、前述のようにブラックホールから光が出てくることも宇宙の始まりには起こり得ると考え、90歳の女性が妊娠することも自然の中では起こり得ると考える。

では、現代科学史上、自然妊娠をした最高齢の女性は何歳だったのだろうか。

1997年、イギリスのドーン・ブルックという女性が59歳で出産している。エストロゲンという女性ホルモン剤を投与してはいたが、まったくの自然妊娠であった。では、ヘブライ聖書のサラの場合、神は90歳の彼女をどのようにして妊娠させることができたのだろうか。

ユダヤ人の家庭では、夫婦でよくこのことが議論される。

じつはヘブライ聖書にそのヒントがある。

アブラハムとサラの夫婦は、妊娠の直前に極度の恐怖を味わっているのである。ふたりは旅の途中、ネゲブ（Negeb）という地に迷い込んだ。ここでは、人妻だというだけでサラのような老女でも略奪されたため、アブラハムはサラのことを「妹です」と偽った。

ふたりが次にゲラル（Gerar）という土地に入ったとき、その地の領主にサラが略奪されたのである。この極度の恐怖がサラとアブラハムの生殖細胞を若返らせたのだ。

自然界では、耐えがたい刺激（たとえば熱、酸、放射能、毒物、身体的トラウマ）を与えると細胞は若返り、Stem cell（幹細胞）に

戻るという現象が報告されている。これが、"Stimulus-Triggered Acquisition of Pluripotency cells"（STAP細胞）である。

STAP細胞問題で注目された小保方晴子氏も、実験室でのSTAP細胞再現を理化学研究所から命じられたときに、次のように断っていれば全世界から称賛されただろう。

「STAP細胞の実験室での再現は不要です。なぜならば私の論文がNature誌に載る2000年以上前に、すでにヘブライ聖書でSTAP現象は確認されているからです。よもや西洋文明の起源、キリスト教、イスラム教教典の原典の記述を否定されるというのですか？　それこそ科学の否定です」

なにしろ、小保方氏が留学したハーバード大学のあるアメリカでは、多くの州がダーウィンの進化論を教えず、「神が世界を創造した」と授業で教えているほどなのだから。

CASE STUDY
〜ふたりの泥棒〜

　ある日、煙突から居間にふたりの泥棒が入ってきた。ひとりの顔はすすで真っ黒だった。もうひとりの泥棒の顔にはすすがついておらず、真っ白だった。どちらの泥棒が顔を洗うだろうか。
　あなたの意見を述べよ。

すべての事実に疑いの目を向ける

　これは、ユダヤの説話をもとに母親が小学生くらいの子どもに問いかける質問である。拙著『ユダヤ式Why思考法』でも紹介したが、ここでは「何事にも疑いの目を向ける」という観点から考えてみたい。
「どちらの泥棒が顔を洗うと思う？」
　母親の質問から始まる子どもとの会話を再現してみよう。

　　子ども　「お母さん、汚れているほうが顔を洗うに決まってるよ」
　　母親　　「そう？　本当にそう？　汚れているほうは自分の顔が汚れていることに気づくかしら？」
　　子ども　「あ、そうか。どちらの泥棒も自分の顔が見えないんだね。相手の顔を見て、自分の顔が汚れているかどうか想像するしかないんだね。だったら、汚れていないほうが、汚れている相手を見て自分の顔も汚れていると思って顔を洗うんじゃないの？」

　この説話には「**認識**」「**事実**」「**真理**」の違いを子どもに教える狙いがある。
　顔の汚れた泥棒は、相手の顔が汚れていないのを見て「自分の顔も汚れていない」と認識する。もう片方の泥棒は、実際に自分の顔は汚れていないけれど、相手の顔が汚れているのを見て「自分の顔も汚れている」と認識する。
　つまり、認識と事実は必ずしも一致するとは限らない。
　物事をどの角度から見るかによって、事実を受け止める認識が異なってくる。このように、自分の目で見ていることと事実が違うこ

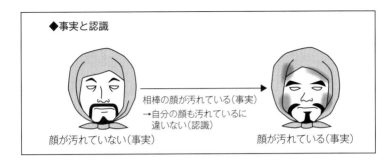

とは、この世の中にたくさん存在する。

「事実」と「認識」を超えた「真理」をとらえる

ユダヤの母親の問いかけはここで終わらない。子どもがさらに疑問をもつように誘導するのである。

母親　「でも、どうなのかしら。同じ煙突から降りてきて、片方だけがすすで汚れていて、もう片方は汚れていないことがあるのかしら？」

ここで母親が教えようとしているのは、「真理とは何か」ということだ。同じ煙突から降りてきたふたりのうち、片方の顔だけにすすがついているのは不自然ではないのか、という見方だ。

この母親の問いかけによって、「そもそもこの設問の設定自体がおかしい」と子どもが気づくように導いていくのだそうだ。

つまり、事実とされていることにも「それはおかしいのではないか？」と疑問をもち、その先の真理を発見しようと頭を使うことを教えているのだ。

◆事実と真理

顔が汚れていない(事実)

顔が汚れている(事実)

 同じ煙突から降りてきて、片方だけが汚れているというのはおかしい
→設定がおかしい（真理）

　認識と事実が一致するとは限らない。そして、真理はさらに別の顔を見せる。

　ところが、私たちがこれに気づくことは容易ではない。

　また、気づけないからこその問題も起きている。

　たとえば現代人を襲ううつ病。これも認識が一因となり起きる問題と考えられるだろう。

　ネットで誹謗中傷されて精神的なダメージを受けたり、ストレスを感じたりするのは、「認識」にとらわれ過ぎているからである。ネットでの書き込みは、書き込んだ人の認識に過ぎず、事実はまったく逆かもしれない。そして、真理はもっと別のところにある——このふたりの泥棒の説話は、そう教えているのである。

「再現できないものこそ、科学である」

　アルベルト・アインシュタインをはじめ、ノーベル賞受賞者にユ

ダヤ人が多い。

　ユダヤ人のノーベル賞受賞者を数えてみると、2016年現在、物理学賞では51人（全体では201人）、化学賞では36人（全体では172人）、生理学・医学賞では56人（全体では210人）にのぼる。ユダヤ人がこれほどまでに科学に強い理由は、「真理とは何か」を常に問い続けているからではないだろうか。たとえ再現できないものがあっても、「再現できないものは科学ではないのか」という命題に挑んでいるからだと推測できる。

　たとえば、STAP細胞は、再現実験において「再現できなかった」と結論づけられた。そのために存在を否定され、「あれは科学ではなかった」と葬り去られる結果となった。

　しかし、厳しい監視環境においてSTAP細胞が再現できなかったからといって、「STAP細胞は存在しなかった」と言い切れるのだろうか。前述のアブラハムとサラの話を思い出して欲しい。

　先ほどの認識、事実、真理でいえば、**「再現できるかできないか」は、認識や事実の問題**である。

　一方は「再現できた」と主張し、もう一方は「再現できなかった」と反論する。この段階で右往左往している限りは、真理に近づくことはできないだろう。

　私たちユダヤ人は、再現できないものにも科学はある、むしろ**「再現できないものこそ、科学である」**と考える。

　その最たるものが、宇宙の起源である。

　私たちは、宇宙の誕生を再現することができるだろうか。おそらくできないだろう。では、地球の誕生はどうか。ダーウィンが提唱した進化論は？

　生物の進化（たとえば猿から人への進化）を誰も再現できないに

もかかわらず、ダーウィンの進化論は科学上の金字塔といわれている。これはどう考えればいいのだろうか。

私たちは宇宙の創造を再現できないかもしれないが、「宇宙は神がつくられた」ということは、ユダヤ人にとって絶対の真理である。宇宙は神がおつくりになられた——こう言うと、無神論者は「宇宙はいまから138億年前にビックバンによって生まれた。これが事実ではないか」と反論するだろう。

たしかに、「**宇宙はどのようにして生まれたのか＝How**」を議論するなら、それはひとつの答えである。

しかし、ユダヤ教がテーマにするのは、「どのようにして宇宙は生まれたのか」ではない。「**なぜ宇宙は生まれたのか＝Why**」である。

神が宇宙をおつくりになられたとユダヤ人が信じるのは、宇宙創造には何らかの神の意図が介在していたはずだと考えるからである。

宇宙の創造だけではない。

この世の中で起きるすべての出来事は——たとえそれが単なる偶然や奇跡に見えても——すべては神の介在による"必然"が生み出したものであり、すべてに理由があるはずである、とユダヤ教では考えている。

ユダヤ人は、その理由や存在意義を問い続けることで、真理にたどり着けると考える。

あなたが両親の間に生まれたことも、科学では精子と卵子が結合し、細胞分裂によって誕生したと説明するが、ユダヤ教では「あなたの誕生にも神の意図が介在している。あなたの存在にも理由がある」と教えている。

真理を追究しようとすれば、「再現できない」というだけで存在を切り捨てるのはナンセンスである。

再現できないものや、「到底あり得ない」と思えることも、神が意図したことだと考えれば、あらゆることは「想定可能」に変わる。ヘブライ聖書に書かれた「ノアの方舟(はこぶね)」の物語は、全世界が大洪水にのまれてエベレストの頂きも水没する話だが、ユダヤ人にとっては「想定可能」な出来事なのだ。
　本当にあったかどうかは、誰にもわからない。
　けれども、「あり得るかもしれない」と考えることで、「どのような必然でそれが起きたのか」を考え、「どのような神の介在があったのか」を知ろうとする。
　そうやってユダヤ人は、事実や認識を遥かに超えた次元へと科学を発展させてきたのである。

▶「What」で考える日本人と、「Why」で考えるユダヤ人

　何事にも疑いの目を向け、「なぜ？」と問いかける視点の重要性について述べてきたが、ここであなた自身が日頃から「なぜ？」の視点をもっているかを知るための簡単な質問をしてみよう。

「あなたはある会合に出席している。初顔合わせの席でどのように自己紹介するだろうか」

　私は長年にわたり日本人とユダヤ人の両方を見てきたが、自己紹介に、日本人とユダヤ人の思考の違いが顕著に表れる。
　あなたの自己紹介は、日本人型かユダヤ人型か。
　これから両方の特徴を述べていくので、どちらに当てはまるか見ていただきたい。

日本人に圧倒的に多いのは、まずは名前を名乗り、どんな会社でどんな仕事をしているか、職務や役割について話すという自己紹介である。つまり、「**自分のしていること＝What**」が中心だ。自己紹介というより、会社や仕事の紹介に近い。

　ところがユダヤ人の場合、自己紹介はまったく違うものになる。「なぜこの会合に参加したのか」をまず話す。自分はこの会合に出席して、どのような成果を得たいのか。なぜなら人生の目的をこのように考えているからだ、と。つまり、「**自分がここにいる理由、これをしている理由＝Why**」を中心に自己紹介を組み立てるのである。

　自分の仕事について話す場合でも、ユダヤ人は「なぜ」の視点で語る。なぜその仕事に従事しているのか、その仕事を通じて社会にどのような貢献をしたいのか。最後には、なぜ自分は生まれたのか、自分の人生における使命は何か、ということにまで話が及ぶ場合もある。

　なぜこの会社に入ったのか。何のために自分は働いているのか。何のために自分は存在しているのか——生きる目的や自分の存在意義を自己紹介で語る日本人に、私はついぞ出会ったことがない。

　そんなことは考えたこともない、あるいは、そんなことを考えて何の意味があるのかわからない、という人がほとんどではないだろうか。

CASE STUDY
〜ユダヤ人的自己紹介〜

「なぜ」を意識して自己紹介してみよう。
あなたは、なぜこの本を手にとったのか？
あなたは、なぜ、いまの仕事をしているのか？

人生における最大の学びとは何か？

アメリカでは、子どもの頃から「なぜ？」と問われる機会が多い。

アメリカの大学受験は、GPA（学校の成績）、SAT（Scholastic Assessment Test：センター試験のようなもの）、エッセー、面接の４つが総合的に判断されて決まるが、エッセーや面接では「なぜこの学校に入りたいのか」を当然聞かれるのである。GPAやSATの点数が足りなくても、エッセーや面接が高く評価されれば合格することはよくある。

手前味噌ではあるが、ハーバード大学を卒業した私の娘は、入試の点数が必ずしも高いレベルにあったとはいえない。彼女より高得点の日本人はたくさんいたが、合格していない。

彼女が合格できたのは、エッセーと面接が評価されたからである。なぜハーバード大学でビジネスを学ぶのか。ビジネスを通じていかに社会貢献するのか。彼女は、真剣な想いと考えをエッセーと面接で語った。それが認められたのである。

一方、日本の子どもたちからは、よくこんな相談を受ける。

「なぜ勉強しなければならないのかわからない」

あるいは、高校で成績優秀だった生徒が、「あなたは頭がいいから、最難関である東大理IIIを受験して医学部に進みなさい」と親や先生から言われてそのとおりにする。ところが、いざ医学部に進学すると「何のために医者になるのか」と悩む。

普段から「なぜ？」と考える癖がないために、勉強する意味や働く意味といった根源的な問いにぶつかったとき、たちまち立ち往生してしまうのである。

医者になるのは、高収入を得たいからだろうか。では、何のため

にお金を儲けるのだろう。お金を儲けることは人生においてどんな意味があるのだろうか。必要以上にお金を儲けることにどんな意味があるのか。

いや、お金のためではない。

医者になるのは人助けのためだ、と考えたとする。

本当にそうだろうか。人助けなら医者でなくてもできる。それでも医者を目指すのはなぜだろうか。

国境なき医師団は、命の危険を冒してまでも紛争地に向かう。エボラウイルスが発生する地域にもみずから赴き、自身も感染の恐怖と闘いながら現地の人々を救おうとする。彼らはなぜそうするのだろうか。

どうしてもそれをしなければならない理由や、自分がどうあるべきかという信念は、「なぜ」を考えることでしか導き出すことができない。

「なぜ」を考える人だけが、人生の意味を見つけることができる。これこそが人生における最大の学びではないか。

そして、「なぜ」を考える人だけが、人生を根本から変えることができるのである。

▰ 物事の本質に迫る「なぜ」

「なぜ」の視点の重要性をわかりやすく説いた本として、『WHYから始めよ！──インスパイア型リーダーはここが違う』（サイモン・シネック著／栗木さつき訳、日本経済新聞出版社、原題：Start with Why）を紹介したい。これは、「ユダヤ人の思考を考えるうえでヒントになる本」としてユダヤ人の間でもよく読まれている本で

ある。

　この本のなかで、著者は、大半の人間や組織は「What」→「How」→「Why」の順番で考え、行動し、コミュニケーションを図っていると指摘している。「What」から始めるのは、それが誰にとっても明確でわかりやすいからである。

　一方、「Why」は不明瞭でわかりにくいために、「Why」まで考える人はほとんどいない。

　ここであらためて「What」「How」「Why」の違い、そして「What」から「Why」へ向かう思考の流れをまとめておきたい。

　たとえば、自己紹介をするときに、自分が「何をしているか＝What」は誰でも説明できる。「私は保険のセールスをしています」「私の会社は医薬品を製造販売しています」など、自分がしていることを説明するのはそう難しいことではない。

　次に、「どうやって？」を説明するのが「How」だ。「How」を語るのは、「What」よりも頭を使う。保険のセールスを伸ばすためにどうするか、他社との差異化を図るために製品開発やマーケティング戦略をどうするかなど、「What」をより効果的に機能させるための手法が「How」である。

　「How」を知っている人は、そうでない人よりも成果を出すことができる。したがって周りからも一目置かれやすい。

　さらに、その先にあるのが「Why」だ。自分がそれをする理由である。なぜ私は保険のセールスをしているのか。なぜ医薬品を製造販売しているのか。

　ここで問われているのは、お金儲けや利益のためという理由ではなく、あなたや会社が存在する意義、信念や正義である。**なぜあなたの会社は存在しているのか。あなたが生きる目的は何なのか。**

信念や正義がなくても、人は生きていくことができるし、組織は存在することができる。また、「How」を知っていればそれなりの成功も手に入れられるだろう。

　しかし、人がよりよく生き、企業が社会と共存共栄していくには、「Why」の視点がなくてはならない。

　それは、**「なぜ」を問い続けることで、より根源的な問いに向き合い、物事の本質に迫ることができる**からである。

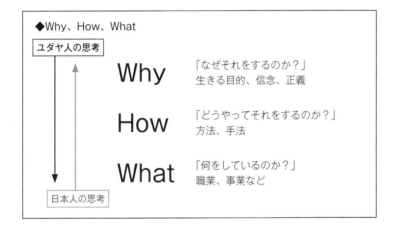

CASE STUDY
～仕事を再定義する～

あなたの仕事を「なぜ」でとらえ直してみよう。
どのような新商品や新サービスが考えられるだろうか。
あなたの考えを述べよ。

■ 「なぜ」がない者は滅びるしかない

　拠点を置くヨーロッパから、久しぶりに出張で日本に来たときのことだ。東京駅で千葉までの総武線快速の切符を買おうとしたのだが、非常に苦労した。

　まず、券売機で行き先の料金を見つけ、タッチパネルのボタンを押そうとした。私が欲しかったのは往復券だったのだが、「往復」の表示がどこにもない。

　私は呼び出しボタンを押して係員を呼んだ。

　係員が言うには、「往復切符を買うのはこの券売機ではありません。お隣の券売機です」。

　言われたとおり隣に移動して、往復券を買った。

　次に、グリーン券を買おうとしたら、「グリーン料金」の表示がない。再びボタンを押して係員を呼ぶと、「グリーン券を買うのはこの券売機ではありません。元の券売機です」という。しかも、クレジットカードは使えず、現金かICカードだけだという。モバイルSuicaをもっていると伝えると、「モバイルSuicaでは駄目です。ICカードを券売機に差し込まないと買えないんです」と申し訳なさそうな表情で答える。仕方がないので現金で買うことにした。

　話はこれで終わらない。

　私が欲しかったのは、往復の乗車券と往復のグリーン券だ。しかし、券売機の画面には片道のグリーン料金しか表示されないのだ。

　また、係員を呼ぶ。

「現金でいいから往復のグリーン券を買いたい」と告げると、「グリーン券は片道しか売っていません。帰りのグリーン券は行き先の駅で買ってください」と──。

ヨーロッパでもよく列車に乗るが、こんな不便な思いをしたのははじめてだ。
　ヨーロッパの券売機は、すべての乗車券がクレジットカードで決済できる。片道か往復か、ビジネスクラスかエコノミーかを画面で選ぶだけでいい。たった2ステップで完了だ。
　券売機に限らず、日本には複雑なシステムが多い。携帯電話の料金体系も複雑になりすぎて、利用者にはわかりづらく使いにくいのではないか。
　これらはすべて「なぜ」の視点の欠如によるものではないだろうか。
　「なぜ券売機があるのか」を考えれば、切符を素早く簡単に買えるようにするためである。利用者の利便性を第一に考えれば、購入までのステップは少ないほうがいい。システムが複雑なうえ、あっちの券売機こっちの券売機と利用者を振り回すのは供給側の事情であり、利用者不在だと言わざるを得ない。
　「なぜ」の視点を欠くと、目的や存在意義を見失い、途端に物事はおかしな方向へ向かっていく。これが日本の産業の衰退の一因ではないだろうかと私は考えている。

「Why」視点の学びが世界を変えていく

　『WHYから始めよ！』を書いたシネックは、こうも指摘している。
　卓越したリーダーや企業は、「Why」から「How」、「What」へ向かって思考し、行動し、コミュニケーションを図る。目的や信念、正義がまずあり、それらを具現化するための手法としてマーケティング戦略や販売戦略がある。
　製品やサービスなどはそれらの結果にすぎないというのだ。

同書でも言及されているように、アップルがパーソナルコンピュータ、音楽、携帯電話など広範な分野で次々と革新的な製品をつくり出すことができたのは、「彼らが存在する理由＝Why」を明確にもっていたからだ。

　それは、「Think different」（異なる考え方をしろ）で現状に挑戦し、世界を変えていくという信念である。彼らの信念を具現化したアップルの製品は、私たちの音楽の楽しみ方を変え、携帯電話の概念を変えた。

　シネックの著書から、「Why」を軸にもつ企業をもう1社紹介しよう。アメリカの格安航空会社・サウスウエスト航空は、アメリカで数ある航空会社のうち最も成功を収めた会社である。

　低価格戦略が同社の成功の要因と思われがちだが、それは違う。

　同社には、航空機旅行をひと握りのエリートから解放し、庶民にとっても便利な足にするという目的があった。そこから、これまでにない画期的なサービスが生まれたのだ。

　たとえば、ファーストクラスとビジネスクラスの区別を廃止した。また、予約の時期によって料金を変えるのではなく、いつ予約しても席が空いていれば同じ料金でチケットが買えるようにした。

　この低価格かつシンプルな料金体系は、それまで飛行機を使わなかった人々にも広く受け入れられ、結果的に人々の移動習慣を変えていったのである。

　卓越したリーダーや企業は、製品やサービスが優れているのではない。彼らは製品やサービスを通じて成し遂げたい目的、世の中に対して果たすべき使命や信念を強くもっている。「なぜ」の視点をもち、物事の本質に近づこうとする。

だからこそ、生まれる商品やサービスが革新的なものであり、人々を魅了するのである。

「なぜ」が変えるのはビジネスだけではない。
人生に変革をもたらすのも、「なぜ」の視点である。

ここであらためて、読者に問う。
　あなたは、なんのために学ぶのだろうか？
　学びをとおして何を実現したいのだろうか？
　人生を変えるためには学ぶしかない。そして、真に人生を変える学びは、常に「Why」から始まるのである。

第1部

ユダヤ式 本質をつかむ学びの原則

第 2 章

原則2：原典主義

証拠を探せ！

　前章では、あらゆることを批判的に考え、「なぜか？」と問いかけることが学びのスタートであると述べた。

　物事を疑ったなら、「本当はどうなのか？」を確かめる作業が必要である。つまり、**「物事を疑う」**とは**「証拠を探す」**ことでもある。

　そこで、本質にたどり着くための学びの原則として次に紹介するのは、「原典主義」である。

　原典主義とは、「原典にあたる」、つまり「もとの文献や原本にあたる」ということだ。原典にあたることで、本当に存在したのか、本当はどうだったのかを確かめることができる。「証拠」とは原典のことだ。

　たとえば聖徳太子の十七条の憲法なら、「聖徳太子が実際に書いた原本があるのだろうか」と探してみる。原本を見つけることができれば、聖徳太子という人物が存在し、その人物が十七条の憲法を書いたことを自分の目で確認することができる。

　前述のとおり、実際には、十七条の憲法の原本は存在しない。ということは、聖徳太子の存在も、聖徳太子が十七条の憲法を書いたのかも、本当のところはわからないことになる。

　では、聖徳太子が十七条の憲法を書いたことを裏付ける史料はないだろうか。それを探してみるのだ。

　ここで、史料とは何かを明確にするために、史料の定義を『日本大百科全書』（小学館）から引用したい。

「過去を認識するための素材となるものを史料という。歴史学にお

いて一般に史料とよばれているものは、人間の行動や思考が残したさまざまな痕跡である」

古文書、古記録（日記やメモ）、書籍、新聞、書簡など人間が書いたものや語ったものだけでなく、口碑伝説、遺物、出土品、遺跡、風俗習慣など人間がつくったもの、人間が触れたもの、人間が行動すること自体もすべて史料となり得るという。これらの史料にあたって事実を確認することが、本質をつかむうえで重要なのだ。

2000年以上受け継がれてきたユダヤ人の原典主義

ユダヤ人は、古代に書かれたヘブライ聖書を現代に正しく継承するため、2000年以上にわたって原典主義を貫いてきた。

古代ユダヤでは、ヘブライ聖書は羊皮紙に書き、選ばれた写経師が、一文字の間違いもないように厳格に写し取っていた。その写本が「トーラー」（ユダヤ律法、モーゼ五書のこと）として各地の「シナゴーグ」と呼ばれるユダヤ教寺院で大切に保存されている。

現在、ヘブライ聖書は各国語に翻訳されているが、言語によって解釈のズレが生じるなどの問題が発生したときは、つねにヘブライ聖書の原典に戻り、間違いを正すことができる状態にある。

余談だが、長い間にわたり、1000年頃に写されたAleppo写本が現存する最古のヘブライ聖書と考えられてきた。

では、それ以前はどうだったのか、というのは世界中の歴史学者やユダヤ人が抱く疑問である。そのような中、1947年、世界を揺るがす文書が死海のほとりの洞窟から発見された。

いわゆる「死海文書」である。

これには紀元前頃に書かれたヘブライ聖書最古の写本も含まれており、「20世紀最大の考古学的発見」として脚光を浴びた。

「死海文書」が発見された意義は大きい。「死海文書」が発見される前の最古の写本と比較することで、ヘブライ聖書が時代を経てどれほど変わっているかを確認することができるようになった。また、紀元前のユダヤ教の聖典がどのように形成されたのかを解明するカギを握るものとしても期待されているのだ。

アメリカのエリート教育で見たもの

こうしたユダヤの原典主義は、西洋の歴史教育における根幹をなしている。その一端を以下に紹介する。

私はアメリカの教育コンサルタントとして、これまでに200校近くのアメリカのボーディングスクール（エリート教育を目的とした全寮制の私立中学校や高校）を訪れてきた。ボーディングスクールで行われるエリート教育については、拙著『アメリカのスーパーエリート教育──独創力とリーダーシップを育てる全寮制学校─』（ジャパンタイムズ）で詳しく書いたが、「原典主義」はアメリカの教育現場でもごく一般的である。

理科でも物理でも化学でも生物でも、いわんや歴史でも原典主義が徹底している。

たとえば私が見学した中学3年生の歴史の授業では、ルーズベルト大統領時代の新聞記事や、当時の上院・下院の委員会議事録などの史料を生徒に読ませたうえで、「なぜルーズベルト大統領はこのような決断をしたのか、彼の決断がその後の世界にどのような影響を与えたか考えよ」といった問題が出されていた。

歴史の授業で使われる教科書は、テキストブックと史料（資料）集の２種類がある。テキストブックは日本でいう教科書のようなもので、後世の歴史家が書いた評価である。一方、資料集はその時代に生きた人物によって記録されたものである。

　テキストブックと資料集を見比べると、資料集のほうが圧倒的に分量が多い。教科ごとに分厚い資料集が指定され、授業前にはあらかじめ何ページから何ページまでを読んでくるようにという宿題が与えられる。次の授業までの一週間で読まなければならないページ数は、100ページにのぼることも珍しくない。

　これは日本人にすれば膨大な量に思えるかもしれないが、ボーディングスクールの生徒にとって、100ページくらい読むのは大したことではない。生徒は皆、速読法をある程度マスターしているうえに、議論のテーマになりそうな箇所も大体見当がつくため、その箇所を重点的に読めばいいからだ。

　第一、資料集は考えたり判断したりするための素材であり、日本の教科書のように暗記が目的ではない。だから、すべてを精読する必要もないのだ。

　授業では、史料の内容とテキストブックの記述を比べながら、過去の史実が歴史家によってどのように評価され、歴史上に位置づけられていったかを議論し、学んでいくのである。

　エリート校では、史料の原典を読ませない歴史の授業はあり得ない。当たり前である。史料を読んで生徒一人ひとりの考えを議論するのがアメリカやイギリスのエリート教育だからだ。

　ちなみに、最近は、テキストブックがiPadに置き換わってきているため、生徒は分厚い教科書、資料集を持ち歩かなくてはならない不便から解放されつつあるようだ。

CASE STUDY
〜「ゲルニカ」の歴史的考察（アメリカ・ボーディングスクールの課題より）〜

ピカソの絵画「ゲルニカ」。

この絵を見て、歴史的観点からどのようなコメントを思いつくだろうか。

史料にあたり、A4レポート用紙3枚以内、タイプ打ちにまとめてみよう。

写真：アフロ

■「自分ならどのように考えるか？」という視点

このCASE STUDYは、あるボーディングスクールの「ヒトラーの研究」という授業で、実際に出された課題である。

「ゲルニカ」は、ピカソがスペイン内戦をモチーフに描いたとされる絵だ。世界史の教科書にも掲載されるほど有名なので、一度は目にしたことがある人が多いだろう。

たとえば、山川出版社の『詳説 世界史B』では、次のようなコメントつきで紹介されている。

「『ゲルニカ』ピカソ作。スペイン内戦の際、ドイツ空軍の爆撃で破壊され、焦土となったスペインの小都市ゲルニカを素材として、戦争への憎しみと怒りをこめて描いた作品。」

日本の学校では、ゲルニカについてこれ以上掘り下げて考えることはないだろう。生徒は、ゲルニカはピカソの反戦メッセージである、という教科書情報を知識として覚えるだけである。

一方、批判的思考を重視するアメリカのボーディングスクールでは、それで終わらない。

教科書に書かれたことを「本当にそうか？」と疑ってかかり、さまざまな史料にもとづき「自分ならどう評価するか」を考えるのである。

ピカソがどんな人生を歩み、どのような政治イデオロギーをもっていたのか。ピカソが生きた時代の世界はどう動いていて、なぜこの絵を描いたのか。どんな状況下で描いたのか。ピカソはこの絵で

何を伝えたかったのか——史料を調べてこれらのことを読み解いていけば、「ゲルニカとは何か」を自分の言葉で語れるようになる。

原典にあたる狙いはそこにある。

いちばんいいのは、スペイン・マドリードのソフィア王妃芸術センターに展示されている「ゲルニカ」の絵画の現物を鑑賞することである。絵画の大きさや色づかい、筆づかいから直接感じ取れるメッセージは、教科書に小さく掲載された絵をながめる場合とは比較にならないはずだ。

「自分の認識」をつくる

原典にあたろうとして、まず思いつくのが、古典と呼ばれる数多くの書物である。

『古事記』『日本書紀』などの日本最古の歴史書から、『土佐日記』『蜻蛉(かげろう)日記』などの日記文学、『枕草子』『徒然草』などの随筆、『平家物語』『太平記』などの歴史物語、ほかにもさまざまなものがある。

これらの古典は日本史の教科書にも登場するから、タイトルはどれも馴染みがあるはずだ。しかし、現代語訳でもいいから実際に読んだことがあるという人は、それほど多くはないだろう。

過去の出来事について詳しく知りたいときは、当時の人々によって残された文献を調べることが大変役に立つ。

たとえば、『源氏物語』を題材にした「源氏物語絵巻」という絵巻がある。この絵巻を手掛かりにして、平安時代の貴族文化や結婚文化について学ぶことができるだろう。

「なぜこんなに分厚い着物を何枚も重ね着しているのだろう？」「洗濯はどうしていたのか？」「下着ははいているのか？」。こうし

た素朴な疑問から、さらに別の文献にあたることもできる。

　また、絵巻についてはこんな考察もできる。現存する最古の写本でも、『源氏物語』の時代よりもあとの時代に描かれたとされている。絵巻が写本だとすると、もとの『源氏物語』を忠実に表現しているのだろうか。

　古典に限らず、第二次世界大戦中に書かれた指揮官や兵士たちの日記なども、その時代を知る手がかりとなる貴重な史料である。人々はどんなものを食べ、どのような暮らしをしていたのだろう。生きるうえで何を楽しみにしていたのだろう。そんなことを考えながら史料を読んでいくと、自分には関係ないと思っていた時代や人々が、とても身近に感じられるものだ。

　実際にその場所を訪れてみる、あるいは住んでいる場所の近くに史跡があるなら、それに注意を払ってみるのもいい。

　たとえば、近所にある小さな城跡について、郷土史を調べてみたとする。その城を舞台にした戦は、15人対15人くらいの小さな規模のものだった。近くの城に助っ人を呼びに行き、助けが来るまで待っているような戦もあった――などというエピソードが発掘できれば、「大河ドラマで見るより、ずいぶんとこじんまりとした戦だな。自分がその15人のうちのひとりだったら……」と想像が膨らむだろう。

　自分も当時の戦を追体験することで、教科書を読むだけでは窺い知れなかった時代の空気を感じることができるのである。

　そうやって得た歴史観、たとえば「戦国時代の城跡を見て私はこう考える」といった歴史観は、自分だけのものである。**誰にも侵すことのできない、あなた自身の歴史観である。**

　「教科書に書かれていることが歴史」だと勘違いしがちだが、そ

そもそも「歴史」という完全に客観的な文脈が存在するわけではない。誰がどのような史料を採用し、史実をどう解釈して位置づけるかによって、歴史は変わってくる。時代が過ぎれば歴史が書き換えられることもある。

そうであるなら、歴史は誰かから押しつけられるものではない。**一人ひとりが、各々の「自分だけの歴史」をもつべきではないか。**

そして、「自分だけの歴史」は原典にあたって自分の頭で考えることでしか手に入らない。

「自分だけの歴史」をもっているかどうかが、本質に近づく学びができているかどうかの、ひとつのバロメーターといえるだろう。

フィールドワークから「自分の考え」を手に入れる

実際に見聞きすること、体験することも本質をつかむうえで、重要な学びとなる。アメリカのボーディングスクールでは、指導者を養成するうえで重要な倫理の授業も、フィールドワークやケーススタディを中心に組み立てられている。

たとえば、ホームレスのシェルターを訪れて、そこで一日を過ごす。裁判所に行って刑事事件の審理を傍聴する。

また、あるボーディングスクールの授業では、最高裁判所で審議中の憲法違反事件をとりあげていた。そこでは生徒をふたつのグループに分け、一方には憲法違反、もう一方には憲法に違反しない立場をとらせ、それぞれが裁判官になったつもりで判決文を書かせるのである。グループの代表が判決文を発表すると、それに対して教師が矢継ぎ早に質問を浴びせる。このようなやり方で授業は進められる。

これは日本でいえば、法科大学院の授業に匹敵するレベルである。

科学や生物の授業では、実験や実習を多く取り入れている。

　驚いたことに、生物の授業で人体の構造を学ぶため、地域の病院の手術室見学を行った学校もあった。患者の顔が見えないようプライバシーに配慮したうえでの見学だったが、同じことを日本でやろうとすれば、親からのクレームが殺到しそうな授業である。

　ノーベル医学生理学賞を受賞した大村智博士が、アフリカの人々を救った薬のもととなる抗生物質を見つけた裏には、さまざまな場所で採取した土から微生物を探すという地道な作業があった。

　このやり方を授業に取り入れて、土のなかの微生物を顕微鏡で観察し、培養してどんな化合物がつくれるのか実験するなら、アメリカのボーディングスクールの授業に非常に近いアプローチになるだろう。

　「抗生物質は微生物からつくられます。ペニシリンがそうです」と知識として覚えるよりも、実際に自分の手を動かし、五感をフルに稼働させて微生物の培養実験に取り組むほうが、気づきが大きく、科学のおもしろさを発見できるだろう。

　何よりも科学に興味をもつ生徒が増えるに違いない。

　フィールドワークやケーススタディ、実験や実習を行うこと自体が重要なのではない。**「それを通して自分はどう考えるか」「自分は何を見つけたのか」** という視点こそが学びの肝なのである。

　フィールドワークや実験を通して学んだ倫理や科学は、「自分の倫理」であり「自分の科学」だ。こうした体験に基づく学びによって、「自分だけの視点」「自分だけの考え」を養うことができるのだ。

学びの質を決めるもの

「自分はこう考える」という歴史観や倫理観、独自のセオリーやアプローチを求めようとすれば、そこに正解はない。

ボーディングスクールでは、生徒がそれぞれに違った意見や考えをもつことが奨励される。事実、ある学校の歴史教師は、「我々は生徒に歴史的に何が正しかったかは教えてはいない」と話していた。

独自性や独創性を重んじる点では、数学の授業も例外ではない。日本人の感覚では、答えが存在する数学の授業でどうやって独自性や独創性を求めるのか、想像がつかないかもしれない。

ある有名な学校を訪ねた際の数学の授業はこうだった。ひとつの正解にたどり着いて終わりではなく、生徒同士が「こういう解き方ができるんじゃないか」「いや、こういう解き方もある」と議論していたのである。

授業で正解を教えないとすれば、教師の役割はいったい何なのだろうか。

教師に求められるのは、生徒が思考し議論するうえで材料となる資料を提示すること、また、授業で生徒から多様な意見を引き出し、議論が活発になるよう刺激することである。

また、資料の適切な読み方をアドバイスすることも指導者の役割のひとつだ。勝者の視点で書かれた文書や、スポンサーの政治的意図が反映された絵画などに対しては、資料の性質を考慮した評価が必要である。こうした「見方」「視点」を与えることで、洞察、思考の質は高まっていく。

学びの質はまた、議論の質に大きく左右される。

賛成や反対を含めてさまざまな意見が出されることで、論点が研ぎ澄まされていき、深い理解やユニークな見解を生み出す土壌になる。

　そのためには、タイプの均一な生徒で構成されたクラスよりも、出身地や家庭環境、経済環境、宗教などがバラバラのクラス構成がよしとされる。実際のところ、こうした基準に沿って受験生の合否を判定したり、多様なバックグラウンドの生徒が集まりやすいよう、織物など多彩な科目を用意する工夫をしている学校もあるという。

　ここまでボーディングスクールで行われている授業の様子を続けて紹介してきたが、危機感を覚えた読者もいるのではないだろうか。ボーディングスクールは、真の"エリート教育機関"である。グローバルエリートの"エリート"たる所以は、こうした教育にあると考えられる。

　これから教育を受ける10代ならまだしも、すでに大人である自分たちはどうすればいいのだろうか――絶望にも似た思いを抱く読者もいるかもしれない。

　不運を嘆き、現実から逃げることもひとつの選択肢かもしれない。

　しかし、それは最善だろうか。現代という時代を見極め、生き残っていくことを真剣に考えるのであれば、いますぐにでも本質的な学びを始めるべきではないだろうか。

　座して滅ぶのを待つか、学んで活路を見出すか――日本人は、いま、その岐路に立たされているのだ。

知識が先か、批判的思考が先か

　ところで、原典を調べて自分なりの考えを構築するにしても、合

理的で論理的な説明のためには基礎的な知識が必要ではないか——このような反論をよく聞く。知識を積み上げていくことではじめて、論理的思考が形成されると主張したいのだろう。

　知識を得る学びか、それとも「なぜ」を考え原典にあたる批判的思考による学びか。
　ひとつ例を挙げよう。
　あるボーディングスクールの動物行動学の授業で、ゴキブリの飼育だけを1年間続けたケースがあった。その期末試験はこのようなものであった。——あなたが生物学者だとして、アマゾンの熱帯雨林で生物の新種を発見した。それはどんな新種か、発表論文を3枚以内にまとめよ。
　新種を発見したという想定であるから、ダーウィンの進化論を理解した上での論理展開が求められるだろう。空想上の生物をでっちあげても、先生をうならせるような説得力のある論文を書くことはできない。なお、この期末試験は、「テイクホームエグザム」といって、たとえば朝9時に問題が配られ、夕方5時に回答提出期限が設定されているとしたら、その間は教室もしくはそれ以外のどこで問題を解いてもいいというスタイルで実施された。問題を解くために、インターネットや図書館の資料を参照するほか、友達と相談したり両親にたずねたりしてもいい。ただし、最後は自分の頭で考えて小論文にまとめあげることが求められる。
　これが示唆するのは、**「知識は必ずしも自分がもっていなくてもいい」**ということだ。知識は、必要に応じてインターネットにアクセスすればそれで十分である。アメリカのボーディングスクールではそう考えられているのだが、これには私も同感である。

むしろ、批判的思考を邪魔するのは知識ではないだろうか。

批判的思考をサポートするために、ある程度の知識が必要なのは当然であるが（その場合はネット検索すればいい）、知識を学ぶことが中心になると、知識を得たことで満足してしまい、その先の本質をつかむ批判的思考（Wisdom）につながらないというリスクがあることを理解しておかねばならない。

知識（Knowledge）があるだけでは何の役にも立たない。

「地震が来たら津波が来る」という知識をもっていても役に立たない。「地震が来たらすぐに高台に駆け上がる」という行動に出ることがWisdom（すなわち適切な行動）なのだ。

本質を考える学びこそ、Wisdom（適切な行動）をもたらすのだ。

欧米のエリート教育で暗記が重視されない理由

もうひとつ、日本人が原典主義を取り入れることに腹の底から納得できない疑問に答えよう。

教科書の内容に細かく疑問を呈し、原典にあたることの重要性は、頭では理解できる。だが、それをやっていると勉強がはかどらず非効率である。特に受験生にとっては、実験やフィールドワークは受験の役に立たず無駄ではないのか、という批判である。

たとえば、歴史の授業を原典主義で行えば、通史をカバーすることは物理的に不可能であるため、必然的に学習範囲は絞られることになる。特定の時代や地域については深掘りできるけれど、ほかの領域は切り捨てなければならなくなる。

アメリカで原典主義の授業が成立する理由は、いたってシンプルだ。日本のような知識偏重型の入学試験が存在しないからである。

アメリカの大学入試は、GPA（学校の成績）、SAT（数学と英語の一斉試験）、エッセイ、面接で構成されていることはすでに述べた。歴史や科学、その他の科目は受験科目ではない。

　大学入試で問われるのは知識（＝What）ではなく、「あなたは何者で、その大学で何を学びたいか」という「Why」なのである。制度の面でも、本質的な学びを促しているのだ。

　現在の大学入試制度が続く限り、日本では知識詰め込み型の授業はなくならないだろうし、原典主義の授業も成立しにくいかもしれない。

　しかし、「聖徳太子の十七条の憲法は604年につくられた」と覚えていることにどれだけの意味があるのか、いま一度考えてみる必要があるだろう。それよりも、「なぜ聖徳太子は十七条の憲法をつくったのか」について自分の言葉で語れることのほうがより本質的な学びであることは火を見るよりも明らかである。

CASE STUDY
～戦争の真の目的は？～

　日本は太平洋戦争を「自衛のために戦った」とする認識が国内では根強い。その認識に与する人たちは、アメリカ上院の軍事外交合同委員会でのマッカーサーの証言を引き合いに出し、「マッカーサーもそう認めた」と主張する。

　では、マッカーサーの真意はどうだったのか、太平洋戦争は本当に自衛戦争だったのか。

　原典にあたり、考えをまとめよ。

私たちはミスリードさせられている？

メディアで報道されていることや活字化されたもの、著名人や権威ある人物が発言したことを何の疑いももたず鵜呑みにする日本人をよく目にするが、私はその様子に危機感を超え、恐怖すら覚える。

原典にあたると「間違いであった」ということはしばしば起こり得る。

CASE STUDYでとりあげた、「日本は自衛のために戦った」という歴史認識について考えてみたい。

マッカーサーの証言について補足すると、マッカーサーは朝鮮戦争での戦局打開のために満州攻撃を主張したが、戦闘拡大による対ソ戦突入を恐れたトルーマン大統領によって解任された。その直後に上院に呼ばれ、中国海上封鎖作戦の有効性について証言を求められた。

問題となっているのは、次の一節である。

"They feared that if those supplies were cut off, there would be 10 to 12 million people **unoccupied** in Japan. Their purpose, therefore, in going to war was largely dictated by **security**."

(日本は、資源の供給を絶たれることにより、1000万人から1200万人の人々が職を失うだろうことを恐れた。彼らの目的、戦争を始めた理由は、大きくいえば、食い扶持を確保するためだった)

---

unoccupiedとは「失職する」「食えなくなる」という意味だ。原文を見ると、マッカーサーは証言で"Their purpose in going to war was largely by security." と発言している。

"security"は「安全」「保全」「存立」と訳すことが多いが、どちらかといえばお金に関する保全のニュアンスの方が強い。「担保」「収入」「株式」「利益」という訳もあるほどだ。そうするとマッカーサー発言の日本語訳は「自国の失業対策のために始めた戦争」となり、まったくの「自益（自分の利益）のために始めた戦争」というニュアンスになる。

　一方、「自衛戦争」は、正確には、先に攻め込まれた国が防衛のために戦うことである。

　マッカーサーが発言したのは「自衛戦争」だったのか。いや、マッカーサーは「自衛戦争」と言ったわけではなかった。むしろ「1000万人から1200万人の食い扶持確保のための戦争だった」と言っている。一部の日本人がマッカーサーの"security"という言葉を正当防衛のための「自衛戦争」とねじ曲げて解釈し、それがそのまま通用してしまっているのだ。

　そもそも、常識的に考えれば、敵国の将軍であったマッカーサーが日本の肩をもつはずがないことはわかりそうなものだ。アメリカでは、「日本の侵略戦争」というのが定説なのである。

　「マッカーサーは本当にそう証言したのだろうか？」と批判的に考え、原典にあたれば、何が事実であったかはおのずと明らかである。

　このように、一人ひとりが独自の歴史観をもつことが理想だが、「いきなり歴史観と言われても……」という人は、**まずはほかの人の歴史観を疑ってみることから始めるのもよいだろう**。その人が示す史料や参考文献を手掛かりに、そこから自分なりの歴史観を獲得していくのもひとつの方法である。

与えられた情報を鵜呑みにするリスク

　原典にあたる作業は、手間がかかって面倒なものだ。
　しかし、それを怠ることで、当然知っておくべき事実を知ることができず、最悪の場合は自分の命が危険にさらされることもあるという現実を理解しておくべきである。**原典にあたり、情報の真偽を確かめるのは、自分自身を高める学びのためという目的だけではなく、自分の身を守るためにも必要なことなのだ。**

　ここでは、薬の副作用情報を例に考える。
　リバスチグミンという成分を用いた認知症治療薬がある。毎日1枚ずつ貼付する皮膚浸透薬で、日本では「イクセロンパッチ」という商品名で販売されている。メーカー（外資系企業）の日本語版ウェブサイトを見ると、患者向けの副作用情報として次のような記載があった。

「主な副作用として、貼った場所の皮膚症状（赤くなる、かゆみなど）やアセチルコリンが増えることによっておこる胃腸症状（吐き気、むかむかするなど）が報告されています。皮膚症状は軽度のものがほとんどです。皮膚症状の多くは、自然に治りますが、場合によっては症状が続くこともあります。」

　とても簡単な説明だ。
　一方、アメリカで最も権威ある病院とされるMayo Clinicのウェブサイトにも、同じ成分を使った認知症治療薬の情報が掲載されて

いる。

　見てみると、メーカーの日本語版ウェブサイトとは比較にならないほどの情報量である。なかでも大きな違いは、「一度に2枚以上貼付したときのリスク、つまり薬の過剰投与のリスク」がはっきりと記されていることである。

"Make sure you remove the used patch before wearing a new one to decrease your risk of having serious side effects."

　"serious side effects"とは、死亡するリスクを意味する。

　この薬の難しさは、認知症患者がこの薬を使う場合、パッチを貼ったまま取り替えるのを忘れてしまい、2枚3枚と同時に貼ってしまうことで過剰摂取のおそれがあることだ。

　Mayo Clinicが過剰投与による死亡リスクに言及しているのに対し、メーカーの日本語版ウェブサイトでは「一度に2枚以上貼らないように」と注意書きはあるものの、死亡リスクにはひと言も触れていない。

　Mayo Clinicでは、この薬に限らず、アメリカで販売されているすべての薬について使用上の注意をウェブサイトで公表している。アメリカの患者やその家族は、医者から処方された薬についてMayo Clinicのウェブサイトで副作用や注意事項をチェックし、自分で安全性を確認してから使用するのが常識だという。

　メーカーの日本語版ウェブサイトには死亡リスクへの言及がないと書いたが、この話には続きがある。メーカーの英語版ウェブサイ

トを見てみると、患者向けの情報としてしっかりと死亡リスクが明記されているのである。

"Hospitalization and rarely **death** may happen when people accidently wear more than 1 patch at the same time."

これはどういうことだろうか。
　医師の処方薬を疑わずに服用する人には、詳細な情報は知らせる必要がないと考えているのだろうか。もしそうなら、日本の患者はずいぶんと馬鹿にされたものである。

　このことからわかるのは、**本当に知りたい情報は、与えられるものではない**ということだ。
　一方で、与えられる情報には疑いの目をもたなければならない。そのうえで、知りたい情報は自分から原典にあたり、自らの判断で選び取るしかないのだ。

現場・現物・現実にこそ学びの種がある

　ここまで、原典主義の重要性をくり返し述べてきたが、現場や現物、現実を調査・分析することは、新たな発見や問題解決にもつながる。その例を紹介しよう。
　19世紀のロンドンで、コレラが大流行した。当時コレラは病原菌が特定されておらず、また効果的な治療法もなかった。致死率は75％。そして、なにより人々を不安と恐怖に陥れたのは、感染経路が

解明されていないことだった。

　この問題に立ち向かったのが、医師のジョン・スノウである。彼は、当時有力だったコレラの空気感染説に疑問をもち、水質汚染によるものだという仮説を立てた。ロンドン市内で徹底した聞き取り調査を行い、コレラ感染患者の所在地を地図上にプロットしたところ、ある井戸ポンプの水を使う住民にコレラ罹患者が多かったのがその根拠である。

　スノウはこの井戸ポンプの水が汚染源と推測。市当局はこの井戸ポンプの使用を禁止することで、コレラの感染拡大を抑え込むことに成功したのである。

　コレラ菌が発見されたのは、それから約30年も後のことだ。

　病原菌が特定できなくても、発生場所を調査・分析することで発生源を突き止め、感染拡大を防いだ彼のアプローチは、その後「疫学」という学問に発展した。

　彼のアプローチはまさに原典主義だった。

　正体不明の病原菌について机上であれこれ議論したり、権威ある大御所の医者の意見をありがたく頂戴しても、実効的な解決策が生まれたわけではなかった。彼が行ったのは、病原菌をつきとめるのではなく、汚染源をつきとめるというアプローチだ。

　「水質汚染が原因」という事実を発見し、最適な解決策を見つけることができたのは、**現場を観察し分析する**というシンプルな方法によるものだった。

原典主義とビッグデータ

　このジョン・スノウのアプローチは、ビッグデータを人工知能が解析するという現代の最先端のIT技術につながっている。

　現場情報をいかに収集し分析するか。
　いま、大規模小売業のデジタル革命がアメリカで起こっている。何がどれだけ売れているかは、POS情報で収集できる。しかし、どのような人（皮膚の色や人種はどうか、男性か女性か、年齢はどれくらいか）が何をどれだけ買っているかは、POS情報では収集できない。
　カード社会のアメリカでこの情報を一手に集めているのは、じつはクレジットカード会社である。カード会社は、カード所有者の年齢、性別、人種、皮膚の色をカードごとに収集し、データ化している。人種は名前で推測する。しかし、カード会社は小売業者にはこの情報を渡さない。
　自分たちで何とかするしかない小売業者は、レジにビデオカメラを設置し、これらの情報を収集しているが、入力に手間がかかる。
　そこでいま、アメリカで起こっているのが人工知能革命だ。
　POS情報に加えて、人工知能が集めたビッグデータを解析し、どんな人が何をどれだけ買うかを正確に予測するのだ。これがわかれば、その地域の住民情報を分析するだけで、店舗ごとに最適な商品展開が可能になる。

　また、現場情報を重視する原典主義は、人類学とも密接な関係にある。人類学こそ原典主義、すなわちフィールドスタディ抜きには考えられない学問領域である。

人類学の観点から販売戦略を支援するコンサル会社が、イギリスにある。グローバル企業に対し、地域の固有文化、土着習慣、信条、宗教などを現地で徹底的に聞き取り調査した結果をもとに、電気製品はいうに及ばず、薬に至るまで、人類学の観点から企画販売政策を提示するのだ。

　一例を挙げると、骨粗鬆症の薬に、最近FDAから認可されたBonivaという有名な薬がある。

　ただしこの薬には、重大な副作用がある。というより、摂取方法が難しいのだ。この薬が万が一、食道に引っかかったままになると、食道壁に穴が開いてしまう。したがって、十分な水と一緒に薬を飲み、30分間は立ったままでいなくてはならない。食後すぐにゴロンと横になる習慣のある日本のような座り文化、畳生活の国では難しいのだ。

　そこでBonivaを日本でどう売るか、注意書きをどうするかは、人類学の観点からの分析が必要というわけだ。

　イギリスは元々、世界各地に植民地を保有していた経緯から、人類学の重要性を熟知している。現地主義、現場主義を学問の領域にまで高めた人類学がイギリスで発展したのもうなずける。

　イギリスは苛烈な植民地支配を行った最大の植民地帝国でありながら、現在は英連邦を形成し、むしろ旧植民地から親しまれている。日本とは大きな違いである。

　その理由は、**この人類学の観点が日本に欠如していたからではないかと私は分析している。**

▶ 原典主義がイノベーションを生み出す

　時代の最先端をいくバイオテクノロジーの分野でも、ビッグデータによる原典主義が取り入れられている。

　いま、この分野が注目するアマゾン川流域の密林には、昆虫や植物、微生物など私たちの想像を絶する種類の生物が生息していて、何千年も前からそこで生活する先住民族のインディオが、自然の生物を薬として使う土着の医療法を先祖代々受け継いでいる。

　彼らがもつ自然薬の知識と、さまざまな生物から抽出した成分サンプルを得るために、世界の製薬メーカーがこの地に研究者を続々と送り込んできたという。そこで採集した膨大な数のサンプルの薬効を解明し、新薬開発の参考にするためだ。

　しかし、こうした取り組みは決して真新しいものではない。

　中国では、1500年代にすでに、膨大な数の薬草データをまとめた書物が編纂されている。現代の製薬メーカーがアマゾンで行っているようなフィールドワークが実践されていたのである。

　明の時代に編集された『本草綱目(ほんぞうこうもく)』という薬草の研究書がある。医者である李時珍(りじちん)が従来の本草の知識を集めるとともに、フィールドワークで約1900種の薬用植物、動物、鉱物を一つひとつ写真のように写し取り、また産地、性質、製薬法、効能を調べて52巻の書物にまとめたものである。約30年の月日をかけて完成し、1596年に刊行された。これは当時日本にも輸入され、基本文献として重宝されたそうである。

　このように中国では、実物にあたる原典主義が400年以上も前から息づいていた。

このアプローチは現代の中国人にも受け継がれている。

2015年、マラリア治療薬に広く使われているアーテミシニンを発見した功績で、トゥー・ユウユウ氏が中国人初のノーベル医学生理学賞を受賞した。彼女は、漢方について書かれた中国の古い文献をあたり、膨大な数の調剤法を調べ、薬草からの抽出物の薬効を一つひとつ確かめるという地道な作業のすえに、成分を発見したのである。

前出の『本草綱目』は現在、現代中国語に訳されてインターネットで全巻公開されている。膨大な情報量である。これぞまさに中国版のビッグデータである。デジタル化されたことであらゆる角度から検索できるようになり、新薬開発への一層の貢献が期待されるところである。

人工知能によって極まる原典主義

アマゾン流域での現地調査で集めた試料を持ち帰り、試験管内の実験によって薬効を解明するする手法（これをin vitroという）に代わり、最新の創薬は、コンピュータが自動的に全世界の薬情報を集めて、これと人のゲノム情報、たんぱく質情報などを包括分析し、人工知能が新薬を開発する（これをin silicoという）方向に進んでいる。

イスラエル科学・人文アカデミーの人ゲノム情報センター（National Laboratory for the Genetics of Israeli Populations）はそのいい例だ。健康なドナーから積極的に血液提供をしてもらうことで、人のゲノム情報を徹底的に集める目的で設立されたこのセンターは、いまや世界最大の人のゲノム情報センターのひとつといわれている。

このゲノム情報が、人工知能の発達と相まって、創薬および遺伝

病の解明に役立っている。

　ここで起きていることは、**人工知能が、人間の手による実践よりも確実に早く正確に、原典主義、現場主義を代行するようになった**ということだ。

　分野は異なるが、グーグル子会社が開発した「アルファ碁」が韓国の世界最強の棋士に勝ったこともそれを象徴している。人工知能が過去のすべての対戦における布石をすべて学習した結果、人工知能の現場主義が人間に勝ったのだ。

　現場主義、原典主義、現地主義は、ビッグデータと人工知能の発達により、本来の意味ではじめてその応用が可能になったといえる。

人工知能時代の学びの意味

　これは私の仮説だが、**ビッグデータと人工知能の活用により原典主義のアプローチが進めば、ますます「個」が重視される世界になる**のではないだろうか。

　かつては、松下幸之助が提唱したように、良質な大量生産品を安く提供すれば人々が幸せになり、産業社会が発展するという考えがあった。

　学校でも同じように「これを覚えればみんな賢くなれる」という画一的、均一的な教育が尊ばれた。

　しかし、これからはそれぞれが独自の学びを追求していく時代になるだろう。むしろ、独自の学びを追求しなければならない時代が、すぐそこまで迫っていると言い換えてもいい。

　世界的に見れば、人工知能とビッグデータが知識偏重の日本人を駆逐する未来が、すぐそこまで来ている。頭をたたいても教科書で

得た知識しかはき出せない日本人は、iPhoneのSiriより程度が低いということになりかねない。

　日本の学校教育は、できるだけ早く、知識のまとめ集であり要約集にしか過ぎない教科書教育を脱し、現場、実験、フィールドスタディを中心に据え、「原典にあたって自分の頭で考える」教育にシフトする必要がある。

　そうでなければ、「そこそこ知識はあるけど何もできない日本人」ばかりになり、人工知能によるイノベーションのうねりから取り残されてしまうだろう。

第1部

ユダヤ式 本質をつかむ学びの原則

第3章

原則3：分類主義

▰ 学問の基礎をなす「分類」

　前章で述べたように、原典となる史料や現物にあたり、そこで「どう考えるか」によって、一人ひとりが得る学びの質は違ってくる。この章では、原典にあたって自分の頭で考え、より深く理解し、物事の本質を学びとるためのアプローチを紹介する。

　先に結論をいうと、そのカギは、「分類」にある。

　分類とは、ある基準に従って、物事を似たもの同士にまとめることである。分けたものを、さらに基準に従って細分化していくことで、物事を体系化することができる。
　人類の学問は、「分類」により発展してきた。 動物や植物を、科目や種目に分類することで生物学が発展し、同じように細菌を分類することで細菌学が発展してきたという具合である。
　分類はいわば学問の基礎といえるものだ。

　細かく分類するほど、学問はより発展する。仮に、たったふたつの分類しか存在しない社会があるとするなら、そこでは「自分」と「その他」の分類のみで、他人も犬も猫も「その他」に一緒くたにされるため、思考力は発展しようがないのである。
　また、分類が発展している社会ほど、語彙が多く存在し、社会が高度化しているといえる。**分類の多さは思考力そのものであり、言語力そのものであり、学問の程度そのものであり、文化文明の程度を示すバロメーターなのである。**

　たとえば地球上には、色の分類が極端に少ない種族が存在する。人類学の調査によると、ニューギニアに暮らすRotokas族は、色に

関する言葉をたった2種類しかもたないという。ひとつは、弓矢が動物に当たった時の出血の色、そしてもうひとつは、弓矢が動物に当たらず血が出なかった（つまり、狩猟が失敗した）場合の色である。この2種類の単語しか有さないといわれている。

魚に思いをめぐらせれば、魚類は現在発見されているだけで約28,000種類が存在するが、そのうち名前がつけられている魚は約2万種である。人類が魚に名前をつけた理由は何であったかを考えると、有毒な魚とそうでない魚、食べておいしい魚とそうでない魚、捕獲しやすい魚とそうでない魚など、さまざまな理由で魚に名前をつけていったのである。

徹底して分類を行い、名前をつけなければ、どの魚を口にして良いのかを子孫に伝えていくことができない。まさに分類が種の生存に関わってくるのだ。こうして、魚類を分類する行為が、人類の魚類に対する学問的研究の発展に繋がっていったのである。

分類あっての学問であり、分類あっての科学の発達なのである。したがって、分類を徹底して行う能力は、学問の発達に欠かせない能力であるといえる。

ユダヤ人の"理屈っぽさ"の正体

分類という行為は、多かれ少なかれ誰もが日常のなかで行っている。スーパーに買い物に行けば、野菜、果物、肉、飲料……と売り場が分かれている。また、アンケートの回答を回答者の年齢や地域で分けるのも分類である。

ただ、ユダヤ人の分類は並外れて徹底している。それが顕著に表

れるのは、ユダヤ人同士の議論の場である。

　ユダヤ人は、ふたり以上でランチテーブルにつけば、途端に議論が始まるほどの議論好きだが、議論はたいていこんなふうに展開していく。

　Aの前提で始まった話が、「Bの場合はどうだ？」「Cの場合はどうだ？」「Dの場合はどうだ？」……と分類によって前提がどんどん細かくなっていくのだ。挙句の果てには、現実にはあり得ない奇想天外な前提が飛び出すことも珍しくない。

　たとえば、こんな議論がある。

　ヘブライ聖書では、「人が通る道に鳥の巣を見つけた場合、その巣の中にヒナがあり親鳥がいる時は、そのヒナを奪ってはならない」とされている。

　これについてタルムードでは、「海の中に鳥の巣があった場合、ヒナを奪ってもいいか」「空に鳥の巣があったらどうなのか」などと、ヘブライ学者たちが奇想天外な前提を持ち出し、大真面目に議論しているのである。これはユダヤの宗教学校や家庭でもよく見られる議論だ。

　ふつうに考えれば「ヘブライ聖書が禁ずるのは陸の道を歩いている時に限定される。海や空には道はないから奪っていい」となるが、人の心情として親鳥の目の前でヒナを奪うのはかわいそうだから、なんとかして「ヒナを奪えない」という結論にもち込みたい。そのために、この議論を吹っ掛けられた相手は、あらゆる理屈で対抗しようとするのだ。

　ある人は、モーゼの出エジプトの際に紅海が真っ二つに割れたエピソードを引用して、「海の中にも道はある。我々ユダヤ人は紅海に道をつくっていまここにいる。だからヒナを奪ってはいけない」

と答える。

またある人は、「空には鷹の道や飛行機の航路がある。だからヒナを奪えない」という理屈で反論する。

すると今度は、「人の頭の上に巣があったらどうか」という新たな前提が分類によって登場し、さらに議論が続いていくのである。

もし、日本人が同席したなら、そこまで分類するのかと舌を巻くか、あきれるか、辟易するに違いない。

「理屈っぽい」とはユダヤ人の代名詞だが、ユダヤ人の極度の理屈っぽさは、こうした分類の習慣が大いに関係していると考えられる。分類は、非常にユダヤ的なアプローチなのだ。

空気を読み合う日本社会では、ほんわかとした雰囲気が好まれ、その雰囲気をぶち壊す分類そのものに拒絶反応があるから、理屈っぽい人は煙たがられ、社会の隅に追いやられる。

だからといって、ユダヤ人の理屈っぽさを、ただの屁理屈だとか、面倒な奴だという言葉で片付けてはいけない。

ユダヤ人がこれまで世に送り出してきたイノベーションの数々、また過去3000年にわたり集積・体系化されてきたヘブライ聖書とタルムードを中心とする**ユダヤの知は、「なぜ？」という問いかけとともに、比類ない分類の習慣が基礎にある。**

ここからは、ユダヤ人が実際にどのように物事を分類し、独創的な発想や気づき、そして本質の把握につなげているのかを見ていくことにしよう。

CASE STUDY
〜安息日の床屋のルール〜

　ユダヤの戒律は、一週間のうちの7日目を安息日と定めている。「安息日には仕事をしてはならない」というのが掟だ。
　安息日は、金曜日の日没から始まる。日没の2分前にろうそくに火を灯し、祈りを捧げ、白いクロスで覆った食卓につき、安息日の夕べを迎える儀式が始まる。

　そこで質問である。金曜日の昼下がりに床屋に行くことは許されるのか。
　起こり得るシチュエーションを分類して考えよ。

▌オール・オア・ナッシングの議論をやめる

　ユダヤの安息日について馴染みの薄い読者のために、もう少し説明しよう。
　安息日には仕事をしてはいけない。では何をするかというと、ヘブライ聖書を読み、祈りを捧げ、シナゴーグの儀式に参加し、家族とおいしい食事を食べ、葡萄酒を飲み、ユダヤの祈りを歌う。仕事はしないが、宗教的儀式がぎっしり詰まっていて、意外に忙しい。聖書が求めるように過ごすことが要求される"聖なる日"なのである。
　安息日を迎える金曜日はとても忙しい。
　ニューヨークで商売をする知り合いのユダヤ人たちは、午後早くから店のシャッターを降ろし、日没からの安息日に備えるため、午後3時頃には家路につく。
　安息日は仕事をしないだけでなく、電気やガスの使用も禁じられている。それまでに家の中をきれいに掃除し、調理を終え、テーブルセッティング――テーブルには必ず白いクロスの布を被せておかなければならない――をする。

　そこで先ほどのCASE STUDYに戻る。
「金曜日の昼下がりに床屋に行くことは許されるのか」。
　金曜日の昼下がりに床屋に行けば、安息日に間に合わなくなるかもしれない。そんな行為は許されるのか、というのがこの質問の真意である。
　間に合わなくなることが心配なら、床屋には行かなければいいじゃないか、と考えるのは安易すぎる。オール・オア・ナッシングの議論に潔さを感じる人もいるかもしれないが、ユダヤ人に言わせれ

ば、それでは「何も分類していない」、つまり「何も考えていないこと」に等しい。あらゆるシチュエーションを分類し、曖昧さを徹底的に排除していく。そこではあらゆる可能性が分析され、検討される。これがユダヤ式の分類なのだ。

「ハサミが折れたらどうするか」まで想定できるか？

先ほどのCASE STUDYはタルムードで議論されている。

タルムードを読めば、ヘブライ学者たちがこの問題を考えるにあたり、物事をどのように分類したのかを追体験できる。

学者たちは、安息日が始まる時間までに散髪が終わらないであろうシチュエーションを、ひたすら分類していった。その一部を紹介しよう。

安息日に間に合わないのは、
分類①：ヘアカットだけの場合か、髭剃りも頼んだ場合か。
分類②：床屋でアクシデントが発生することも考えられる。ハサミが折れて使えなくなった場合、シャンプーの容器が壊れてシャンプーが使えなくなった場合はどうか。
分類③：散髪を始める時間が遅いと間に合わないのではないか。日没の1時間前からのスタートはどうか、2時間前ならどうか。
分類④：どの時点で「散髪を始めた」とするかによっても違うのではないか。椅子に座ったときか、エプロンをかけてもらったときか、熱いタオルが顔に乗せられたときか。
分類⑤：散髪が長引きそうになったら、途中で切り上げて、祈り

分類⑥：単に「間に合えばよい」というものではない。心の準備をして、完全に祈りに集中できる状態にすることが「間に合う」ということだ。たとえギリギリ間に合ったとしても、間に合ったうちには入らない。

分類⑦：散髪は早く終わっても、帰り道にアクシデントに遭うこともある。電車が止まった場合、途中で雨が降って雨宿りした場合はどうか。

分類⑧：安息日の準備に不備や不足があるかもしれない。マッチが切れている場合、テーブルクロスが汚れてしまった場合はどうか。

―――――――――――――――――――

――と続いていく。

途中からは、「金曜日に弁護士が法廷で裁判の仕事を入れることは許されるのか」と質問を変える人が現れて、床屋とはかけ離れた議論が展開していく。これがタルムードの真骨頂なのだ。

なぜユダヤ人はここまで細かく分類するのか。
日本人の読者には、もはやただの屁理屈か、揚げ足取りにしか聞こえないかもしれない。

あれこれ分類するのは、金曜日の日没から始まる安息日が自分たちの生活を規律する掟のひとつであり、自分たちの生活に直結する重要なことだからだ。しかも、安息日の始まりは何時何分と分単位で決まっているから、それを1秒でも過ぎて禁止事項を行えば、即違反行為になる。つまり、安息日の始まりと終わりの時刻は、1分

1秒に至るまで、ユダヤ人の生活を規律する極めて重要なルールなのである。

加えて、考えられるあらゆる「分類」は、考えられるあらゆる「想定」につながる。**将来何が起こるかは予測できなくても、分類することで事態を想定することができる。**

「想定外」をなくすには

ユダヤ人の分類が比類ないのは、現実的に起こり得ることだけでなく、現実的には"あり得ない"と思われることまでも徹底的に分類している点である。
「そんな事態は起こり得ないから、考えなくてもいい」という発想はユダヤ人にはない。そうして細かく分類された要素のそれぞれについて検討するのである。

するとどういうことが起きるかというと、あらゆることにおいて失敗がなくなっていく。

シチュエーションの想定は「シナリオ」と言い換えることができるが、シナリオが多ければ多いほど選択肢が増え、隅々まで考えたうえで、最適解を求めることができる。行き当たりばったり、成り行き任せで物事を決めるよりも、当たり外れがない。

日本人はどちらかといえば、何事も「まあ、この辺までにしておこう」とか、「そんなことは現実には起こりそうもないから対策は考えないでよい」という希望的観測で行動しがちであるが、その点でも日本人とは対照的である。

徹底した分類は、手間がかかるようでいて、最も無駄がない方法なのだ。

それだけではない。

あり得ないことまで徹底的に分類していくと、「想定外」がなくなっていく。

起こってほしくないことや、不吉で縁起の悪いことも"現実的な問題"として俎上に上げ、分類していくのがユダヤ人である。「縁起でもない」というひと言で片づけ、問題から目をそらしたり、問題を棚上げしたりはしない。「まだ分類が足りない」という恐怖感にかられて、分類の限りを尽くすのである。よって彼らに「想定外」は存在しないということになる。

このユダヤ式の分類法を実践していれば、震災前の福島で「電源喪失」というシチュエーションも分類し、想定できたのではないだろうか。

CASE STUDY
～動物園の堀を何メートルにするか～

　動物園にチンパンジーの屋外展示場を設置することになった。猿山をコンクリート壁で囲む形状とし、観客はコンクリート壁の外側からチンパンジーを見ることができる。猿山と壁の間に深さ4メートルの堀を設け、また壁をよじ登って逃げられないよう、高さ3メートル付近に電気柵、高さ4メートル付近には忍び返しを設置。壁の上部には展示場と観客を隔てるビニール製の網を設置する。

　問題は、猿山とコンクリート壁の間（堀の幅）をどうするかである。堀を飛び越えられると、脱走のリスクが高まる。ちなみに、他の動物園では幅を4メートルに設定している。平均的なチンパンジーのジャンプ力は2メートルである。

　この場合、あなたならどのようにして堀の幅を決めるだろうか。また、堀の幅を何メートルにするだろうか。

▗事前に未来を想定してはいけない

　平均的なチンパンジーのジャンプ力が2メートルなら、その倍の4メートルあれば大丈夫ではないか。他の動物園も4メートルで対応しているようだし、うちも4メートルにしよう——と、このように考えて決める人が多いのではないだろうか。

　これでもし、4メートルの堀を超えてチンパンジーが脱走したら、「想定外」ということになるのだろう。チンパンジーが4メートルもの大ジャンプをするとは想定していませんでした、というわけだ。

　実際に、ある動物園でチンパンジーの脱走事件が起きた。そのときの堀の幅は4メートルだった。動物園の飼育員の話では、電気柵は正常に作動していたとみられており、チンパンジーは猿山から4メートルもジャンプし、ビニール製の網を破った可能性が高いという。動物園にとっても「想定外」の出来事だったようだ。

　「想定外」の事態が起きるのは、事前に起こり得る事態を想定しているからだ。事前に何かを想定していれば、それ以外の事態が想定外となるのは当たり前のことである。

　では、どうすれば「想定内」「想定外」という思考の縛りから解放され、最適な答えを導き出すことができるのだろうか。

▗分類によって最適解を導き出す

　平均的なチンパンジーのジャンプ力が2メートルなら、壁までの距離を2メートル以下にしても意味がない。2メートルを基準に、2メートル25センチならどうか、2メートル50センチならどうか、2メートル75センチならどうか……と分類していく。

　そうすると、2メートルから10メートル、あるいは20メートルく

らいまでの距離が考えられる。

　ただし、10メートルや20メートルの堀は現実的にどうかという問題もある。観客からの最適な距離、展示場としての最適な広さ、建設にかける最適予算との兼ね合いから、脱走防止に最も効果のある距離を導き出していく。これが分類のアプローチである。

　その結果、4メートルという答えが導き出されたとしても、これはあくまで最適解であり、絶対解ではない。

　さらにいえば、「チンパンジーが4メートルの大ジャンプをする」というシチュエーションも分類しておくべきであり、別途そのための対策を講じる必要性も議論されるべきである。

　分類は、防波堤の高さを決める際にも有効である。これまでは、あらかじめ津波の高さを想定し、「あとどれくらい高ければ大丈夫だろう」というアプローチだったのだろう。

　分類主義を採用すれば、それこそ50センチから100メートルの高さまでを分類し、建設予算や防波堤としての効果について検証しながら、最適解を求めていくことになる。そうすれば、想定内や想定外という話ではなくなってくる。

　2016年アメリカ大統領選で、共和党候補のドナルド・トランプが建設を宣言した「メキシコ国境との壁」について、「建設費用はメキシコもちだ」と言った。これに対して、メキシコ大統領が「そんな金は出せない」と反発すると、「そんなことを言うなら壁を10フィート（約3メートル）高くするぞ」とトランプが反撃したことがあった。

　なぜ「3メートル高くする」と言ったのか。メキシコ人が乗り越えられない壁の高さとして、なんとなく3メートルという数字を言

ったのだと日本人は思うかもしれないが、おそらく違う。

　1メートルならどうか、2メートルなら、3メートルなら、5メートルなら、10メートルなら──。

　分類主義をとり、「何メートル高くする」と言うかによって、その費用を負担するメキシコ側の反応がどう違うかをみようとしたのではないか。

CASE STUDY
～妨害工作のシナリオ～

　この国のプロサッカーリーグは、チームAとチームBが2強を争っている。

　あなたはチームAのマネジメント担当だ。

　これからチームBにスパイを送り込み、次のリーグ戦までにチームBのチームワークをズタズタに崩壊させようと企んでいる。

　ただし、誰をどんな立場で送り込むかは、あなたが自由に決めることができる。また、この作戦は相手チームの誰にも不審がられずに遂行されなければならない。

　あなたはどんな手を使って目的を達成するだろうか。20のシナリオを考えよ。

戦時中のアメリカによる「サボタージュ・マニュアル」

　スパイを送り込むなんて、マンガの世界のようだと一笑に付すだろうか。しかし、こういうことが実際に起こってもまったく不思議ではない世界を私たちは生きている。というより、スパイしないことは必要な対策を怠るということであり、責任を問われるのが世界中の常識だ。

　この問題を考える前に、頭の準備体操として次のリストを読者に提示したい。これは、近年公開されたアメリカの秘密資料の一部である。何のリストか想像してみてほしい。

・指揮命令系統を守るよう命じよ。意思決定を早めるための「抜け道」は許可しない。
・可能な限り案件を会議にかけよ。会議はなるべく人数を増やし、少なくとも5人以上とする。
・文書の文言には細部までこだわれ。
・前回の会議で決まったことを蒸し返し、決定の妥当性の再検討を促せ。
・常に文書による指示を要求せよ。
・完全に準備ができるまで実行に移してはならない。
・些細なことにも高い完成度を要求せよ。
・重要な仕事をするときは会議を開け。
・ペーパーワークを増やせ。
・指示や決済の承認手続きを多重化せよ。ひとりで承認できる事項でも3人の承認を必須にする。
・すべての規則を隅々まで厳格に適用せよ。

まさにうちの職場で起きていることだ——と感じた読者も多いかもしれない。無駄な会議や文書作成が仕事のスピードや生産性を落としていることに気づきながら、前例や慣例という言い訳のもと続けていることも多いだろう。日本の大企業では、こうしたマイクロ・マネジメントは日常の風景かもしれない。

　じつはこのリストは、CIAの前身である米国戦略諜報局が1944年に作成した秘密資料「サボタージュ・マニュアル」である。敵国の組織を機能不全に陥れるためのスパイマニュアルだ。
　1944年当時のアメリカの敵国は日本だった。要するに敵国日本の組織運営を妨害するための数々の戦術のリストで、上記はその一部である。日本の官僚的な大企業が抱える問題を鋭く突いていて、いま読んでも示唆に富む内容である。
　それにしても、第二次世界大戦中のアメリカが、これほど具体的なサボタージュ・マニュアルをつくっていた事実は衝撃である。具体的な行動が示されたリストの一つひとつにリアリティがあり、緻密な観察、調査、分析に裏づけされたものだと推察できる。

■ 大分類から小分類へ、物事を具象化する

　詳細かつ具体的なマニュアルの根底にあるのは、やはり徹底した分類であろう。
　先に紹介したリストは、組織の生産性をターゲットにしたものだが、サボタージュ・マニュアル全体をみると、妨害工作の対象として建造物、製造、金属生産、鉱業と採鉱、農業、鉄道、自動車、水上交通、コミュニケーション、電力などさまざまなカテゴリーを想定しており、ほぼすべての社会活動を網羅している。

さらに、各カテゴリーについてシチュエーションを細分化し、具体的な戦術に落とし込んでいるのである。
　なかには「トイレットペーパーを補充するな」「鍵穴に木片をつまらせよ」といった悪戯のような妨害工作も含まれている。
　リストで紹介した「組織の生産性に対する妨害」では、その対象をさらに細かく分類し、「組織と会議」「管理職と監督者」「オフィスワーカー」「従業員」をターゲットにしている。
　このようにターゲットやシチュエーションを細かく分類することで、「組織を機能不全に陥れる」という漠然とした目的達成のための戦術が、明確な行動に落とし込まれていったと考えられる。

　さて、CASE STUDYに戻ると、サッカーチームBの輪を乱す戦略を考えるうえで、分類の手法を取り入れるとどうなるだろうか。どのようなカテゴリー、シチュエーションが考えられるだろうか。
　どの立場の人間を送り込むのか、誰に対する工作か、どのようなシチュエーションで、道具を使うのかどうか……。分類するカテゴリーやシチュエーションの細かさで、得られる答えは違ってくるだろう。

最悪を想定しているか

　先ほど、「分類する」ことは「想定する」ことだと書いた。
　自分たちを陥れる企みをもって何かを仕組んでいる人がいるかもしれないという現実を、日本人はあまり想定していないだろう。
　たとえば、英米系のシンクタンクにコンサルティングを依頼した場合、「彼らはクライアントである自分たちのために働いてくれる」と日本人は信じて疑わない。だが、もしかすると、アメリカの競合

企業の息がかかったシンクタンクが、その日本企業を10年後に潰す狙いをもって、アドバイスと称した妨害工作を仕掛けてこないとも限らない。

　もし、相手が自分を陥れようとする意図をもっていたら……？

　このように仮定的に考えて、あらゆるシチュエーションを想定すべきであることを、私たちはサボタージュ・マニュアルから学ぶべきではないだろうか。

CASE STUDY
～「ユダヤ人批判」に反論せよ～

　以下に挙げたのは、ユダヤ人に対する非難や批判である。あなたがユダヤ人だとしたら、それぞれの非難や批判にどう対応するか考えよ。

・イエス・キリストはユダヤ人に殺された
・ロスチャイルドは世界の金融を支配しようとしている
・ユダヤ人は自分たちが選ばれた民だと思っている
・ユダヤ人は他の民族と交わろうとしない
・ユダヤ人は金に汚い
・ユダヤ人は言論でも武力でも攻撃的だ
・ユダヤ人は平気で抜け駆けする
・ユダヤ人はスパイ活動、工作活動を平気でやる
・ユダヤ人は金持ちが多いのに困った人を助けない
・ユダヤ人はハリウッドを支配し、世界を洗脳しようとしている

感情的にならないたったひとつのコツ

非難や批判を受けると、人は感情的になりがちである。

たとえば、「日本人はお人好しだ」と言われて不快に感じるのは、「なんとなく自分が非難されている」ように感じるからだ。

ところが、自分自身はお人好しではないかもしれないし（＝事実とは違う）、相手が言った「日本人」は自分を指した言葉ではなく、別の人を頭に思い浮かべて発言したのかもしれない（＝自分に向けた言葉ではない）。

その非難は的を射ているのか、「日本人」の言葉の定義は何か。これらが曖昧な状態だから、感情が入り込みやすく、冷静な対応や適切な判断がしにくくなるのである。

非難や批判に限らず、あらゆるシチュエーションにおいて、**感情的にならないためには、言葉の定義や置かれた状況を明確に把握することが大切である。**

こんな経験はないだろうか。上司から「これをやっておいて」「あれもお願い」と一度に多くの仕事を頼まれてパニックになって焦ったり、上司に対して腹立たしい気持ちになったりする。けれども、頼まれた仕事をあらためて確認することで、頭のなかで段取りの整理がつき、気持ちが収まった。このように物事の中身や状況が明らかになることで、冷静に対応できるようになるのである。

小分類から大分類へ、抽象化による定義づけ

曖昧な物事や状況をより明らかにする方法として、分類がある。

先に挙げたユダヤ人への非難や批判は、日本人のユダヤ人に対す

る非難や批判の声を知りたくて、私がブログで募集したものの一部である。

これらの非難や批判を共通項でまとめると、大きく5つのグループに分類でき、各グループの性質を抽象化すると以下のようになった。

1. イスラエルのパレスチナに対する行動への非難
2. ユダヤ人が昔、イエス・キリストを殺したことへの非難
3. ユダヤ人が世界の金融、情報産業を支配し、世界を動かそうとしていることへの非難
4. ユダヤの選民思想に対する非難
5. ユダヤ人の反ユダヤ主義およびユダヤ人排斥への対応についての非難

ひとつずつ非難の真偽や妥当性を検証してみよう。

1の「パレスチナに対する行動への非難」は、パレスチナ問題が現代政治の問題であるため、ユダヤ人への非難と受け止めることができる。

次に、2の「イエス・キリストを殺したことへの非難」は、歴史的な事実に基づいているかどうかを検証する必要がある。

仮にそれが歴史的事実だとして、ある民族の過去の行動について、その子孫が非難されることの正当性は検証されるべきである。もし正当性が欠ける場合は、非難というより、差別的発言とみなすことができる。

3の「ユダヤ人が世界の金融、情報産業を支配し、世界を動かそうとしていることへの非難」は、真偽が検証できない事象に対する

主張である。したがって、偏見もしくは差別的発言と受け取れる。

4の「選民思想に対する非難」は、仮にユダヤ人が選民思想をもっているとして、そのことが非難する人に対してどのような被害を与えているのかという検証が抜けている。もし、ユダヤ人の選民思想によってどのような被害も出ていなければ、これも一種の偏見であり、差別的発言と考えられる。

5の「ユダヤ人の反ユダヤ主義およびユダヤ人排斥への対応への非難」は、ユダヤ人排斥自体が非難されるべきだという基本認識が欠けており、人種差別的発言である。

検証の結果を踏まえ、さらに分類すると、

A. 正当な非難
B. 事実に基づかない偏見、あるいは検証できない事象に対する決めつけ
C. 事実ではあるが、それによって何ら被害がないにもかかわらず、相手の行動を非難するもの

に分けられる。

ここまで分類できれば、それぞれの非難や批判に対してどう対応すべきか冷静に考えられるだろう。

ここで行ったことは、まずリストを共通項でくくって大きなグループに分けること（小分類→大分類）、そして各グループの性質を掘り下げて考えることで、抽象化および定義づけを行うことである。こうした分類のステップを踏むことで、見かけや文字面からはわかりにくい物事の本質に近づくことができるのである。

タルムードにみる分類主義

ユダヤ人の分類主義は、タルムードにそのエッセンスが凝縮されている。

タルムードは、すでに紹介したとおり、ヘブライ聖書のメッセージやユダヤに伝わる口伝律法についてのヘブライ学者たちの議論を書き留めた議論集である。タルムードを読めば、古代からヘブライ学者たちがどのように物事を分類し、議論してきたのかがわかる。

また、ユダヤ人はタルムードを読んで学んでいることから、ユダヤ人の分類思考のルーツはタルムードにあるといえる。

ここでとりあげるのは、「十戒」にまつわる議論である。

十戒は、モーゼがユダヤ人を率いてエジプトから脱出した後、神から与えられたとされる10の戒律のことである。読者も耳にしたことがあると思うが、「汝、殺すことなかれ」もそのひとつである。十戒はヘブライ聖書「出エジプト記」20章に登場する。

ここでは、本章の冒頭にも登場した「安息日」に関する議論を見ていきたい。安息日は、神が天地創造を6日で終え、7日目に休息したという聖書の記述を起源とするユダヤの休日のことで、土曜日と定められている。

以下が、安息日に関するヘブライ聖書の記述である。ヘブライ聖書はヘブライ語で書かれているが、ここでは英語訳を使用する。なお、英語でいうSabbathが安息日(シャバット)のことである。

Keep in memory the Sabbath and let it be a holy day. On six days do all your work: But the seventh day is a Sabbath to the Lord your

God; on that day you are to do no work, you or your son or your daughter, your man-servant or your woman-servant, your cattle or the man from a strange country who is living among you:(Exodus 20: 8 -10)

(安息日を覚えて、これを聖とせよ。6日のあいだ働いてあなたのすべての仕事をせよ。7日目はあなたの神、主の安息であるから、何の仕事をもしてはならない。あなたもあなたの息子、娘、しもべ、はしため、家畜、またあなたの門のうちにいる他国の人もそうである。出エジプト記20章8節－10節)

「安息日に仕事をしてはならない」という掟を守らなければならないとしたら、あなたは安息日をどのように過ごすだろうか。「仕事をしなければいいんでしょ？　だったら休日出勤はやめて家で過ごす。会社から持ち帰ってきた仕事もしない。久しぶりに奥さんに手料理でもふるまうか。あとは溜まっている録画番組を見て過ごすかな……」とこんな感じではないだろうか。

ユダヤ人の場合は違う。

掟が求める内容をより具体的に理解するために、安息日に禁じられている**「仕事」**とは何を指すのか、まずは**「仕事とは何か」**を定義しようとした。そうしなければ、安息日をどう過ごせばいいかわからないと考えたからである。

ユダヤ人が「仕事」という言葉を曖昧に解釈できないのには理由がある。安息日の掟を破った者は死の厳罰が処せられる、と聖書の別の箇所に書いてあるからだ（出エジプト記31章15節）。

とはいえ、何をもって「仕事」とするのか聖書に明記されているわけではない。神が意図する「仕事」とは何かを理解するために、ユダヤ人は膨大な時間とエネルギーを費やして「仕事」を定義しようとする。

その一部をこれから紹介しよう。

■ 分類が「検索」を生む

　ヘブライ学者がまず行ったのは、ヘブライ聖書のなかで「仕事」に関連する記述を探すことであった。仕事を示す「work」という言葉が使われている箇所は他にないか、聖書をくまなく読むのである。

　いまならGoogleで検索すればすぐに見つけられるが、昔は聖書のシーンごとに分類されたカードを用いて、何万枚というカードのなかからキーワード検索する作業が必要だった。ちなみに、この古代ヘブライ学者の積み重ねた聖書内の検索システムが、Google検索システムのもとになっている。

　ヘブライ学者は、「創世記」の天地創造の場面において、「work」という言葉が何度か出現することに着目した。そこでの使われ方を見れば、「work」の意味を理解するヒントが得られると考えたのだ。

And the heaven and the earth and all things in them were complete. And on the seventh day God came to the end of all his **work**; and on the seventh day he took his rest from all the **work** which he had done. And God gave his blessing to the seventh day and made it holy: because on that day he took his rest from all the **work** which he had made and done. (Genesis 2:1-3)

<small>(こうして天と地と、その万象が出来上がった。神は7日目にすべての仕事を完了し、7日目にすべての仕事を休まれた。神は第7日の日を祝い、聖とされた。なぜなら神はその日にすべての仕事を終えて休まれたからである。創世記2章1節－3節)</small>

　神の天地創造の場面で、「work」という言葉が三度使われている。

そのことから、「work」は「物事をつくる」、つまり「creation」の意味で使われているのではないかとヘブライ学者は推測した。

聖書を通して読むと、他にも「work」という言葉が登場する箇所はあちこちにある。ただ、「創世記」のこの場面で現れる「work」が最も決定的な使われ方だと判断し、「work」とは「creation」のことだと彼らは結論づけた。

そして次に、「creationとは何か」という議論が始まる。あるヘブライ学者が「自然に人間が手を加えることだ。つまり自然を変える行為がcreationだ」と言った。ヘブライ語の「work」の語源から考えてもそうだろう、というのが根拠である。

物事を余すところなく「分類する」

「work」とは「creation」、つまり「人間が自然に手を加える行為」と定義された。しかし、ヘブライ学者の議論はまだこれでは終わらない。「人間が自然に手を加える行為」を分類し、具体的な行為に落とし込んでいくのである。

日常生活でのあらゆる行為をリストアップし、その一つひとつに対して「これは安息日に禁じられている『work』かどうか？」を議論していった。最終的に、農作、牧畜、建築などに関する人間活動の39種類の行為を「安息日に禁じられた行為」としたのである。

安息日に禁じられた行為
The Order of Bread（農作）
1. Planting（植える）
2. Plowing（耕す）

3. Reaping（実を刈る）
4. Gathering（落穂を集める）
5. Threshing/Extraction（脱穀する）
6. Winnowing（ふるい分ける）
7. Sorting/Purification（腐った麦の穂先を分ける）
8. Grinding（粉にする）
9. Sifting（ふるい分ける）
10. Kneading/Amalgamation（こねる）
11. Cooking/Baking（料理する）

The Order of Garments（畜産）

12. Shearing（毛を刈る）
13. Scouring/Laundering（洗う）
14. Carding/Combing wool（羊の毛に櫛をいれる）
15. Dyeing（染める）
16. Spinning（糸をつむぐ）
17. Warping（ねじる）
18. Making two loops/threading heddles（よる）
19. Weaving（織る）
20. Separating two threads（切る）
21. Tying（結ぶ）
22. Untying（ほどく）
23. Sewing（縫う）
24. Tearing（裂く）

The Order of Hides（食肉処理）

25. Trapping（誘導する）

26. Slaughtering（屠殺する）

27. Flaying/Skinning（皮をはぐ）

28. Curing/Preserving（塩漬けにする）

29. Smoothing（表面をなめらかにする）

30. Scoring（級分けする）

31. Measured Cutting（特定の大きさに切る）

The Order of Construction（建築）

32. Writing（設計図をかく）

33. Erasing（設計図を消す）

34. Building（家を建てる）

35. Demolition（古い家を壊す）

36. Extinguishing a fire（火を消す）

37. Igniting a fire（火をつける）

38. Applying the finishing touch（最後の仕上げをする）

39. Transferring between domains（物を動かす）

　行為を大まかに分類したあとは、行為を明確に定義するために、あらゆるシチュエーションを想定し、それぞれについて議論する作業が続いていく。

　37番目の「火をつける」を例にとると、火をつける行為としてわかりやすいのは「マッチを擦る」という行為だ。同様に、「火打ち石をたたく」も火をつける行為になる。

　したがって、安息日が始まったら、「マッチを擦る」「火打ち石をたたく」といった行為は許されないことになる。

　では、すでについている火を消えないようにする行為は「火をつ

ける」ことになるのだろうか。たとえば、火がついているものに手をかざして風をよける行為はどうだろうか。あるいは、消えかかった火に息を吹きかける行為は？　薪をつぎ足す行為は？　ガスの栓を細火から中火にする行為は？　ストーブの空気穴を調節する行為は？──と「火をつける」行為を明らかにするために、ユダヤ人の分類は永遠とも言えるほど続いてく。

　電気が発明されたときには、ヘブライ学者が何百人も集まって、何千時間も議論した。ただ一点、「電気は火か」を議論するためだ。
　最終的に「電気は火である」と多くのヘブライ学者が同意したが、一方で「熱を直接発生させない通電行為は、『火をつける』行為とはいえないのではないか」という意見も出た。
　たとえば白熱球をつけることは、熱を発生させるから「火をつける」行為となるが、自動ドアや電気鍵、扇風機などはスイッチを入れても直接熱を出さない。直接熱を発生させないのなら、安息日に「自動ドアを通る」ことは許されるのではないかという反論である。
　また、電気が発明されたことで、火を「つける」という行為は何かという議論も発生した。
　電熱器のスイッチを入れるのは、「つける」行為に該当するのか。該当するなら、安息日が始まる前にタイマーをセットして、安息日が始まった後にタイマーがオンになる行為は、火を「つける」行為になるのだろうか。
　同様に、安息日の夜、道路脇に設置されたセンサー作動の門灯が点灯したら、それは火を「つける」行為に該当するのか。もし、通行人にセンサーが反応して門灯がつくことも火を「つける」行為になるなら、ユダヤ人はセンサー付きの門灯のスイッチを安息日前にオフにしておかないといけないことになる。

もうひとつ、39番目の「物を動かす（運搬）」も紹介したい。
　安息日に関するタルムードの議論で最大のページ数を占めるのが、この「運搬」に関する議論である。
　たとえば、「右手に持っていた物を左手に移すのは運搬か」という議論がある。「運搬」の分類のひとつに「右手に持っていた物を左手に移す行為」を想定しているわけだが、もしこれが「運搬である」との結論になれば、安息日には右手に持っていた物を左手に移してはいけないことになる。
　右手から左手に物を動かす場合は、人の立ち位置は変わらないが、それに対して「家のなかで物を持って３歩歩くことは運搬になるのか」（＝人も移動する）という議論もある。それでは４歩ではどうか、５歩ではどうか。あるいは、「家の外へ物を持ち出すのは運搬か」（＝敷地の観点が加わる）、「家から物を持ち出した先が公道の場合と、隣の私有地だった場合ではどうか」（＝敷地の種類が問題となる）。

　分類では、「どう分類するか」がとても大事である。
　そもそもなぜ分類するかを思い返してみると、「運搬」という言葉を定義するにあたり解釈の曖昧さを徹底的に排除するためである。「運搬」を定義するために必要な要素、すなわち切り口をできるだけ多く見つけることがポイントになる。
　タルムードでは、「運搬方法」「運搬の起点」「運搬の到達点」の要素でまず分類し、それぞれの要素をさらに細かく分類している。「ひとりで運んだ場合と、ふたりで運んだ場合」「起点が私有地の場合と、公用地の場合」「到達点が私有地の場合と、公用地の場合」といった具合である。

CASE STUDY
〜「物を動かす」を分類せよ〜

次の前提のもと、「物を動かす」行為を分類せよ。

物乞いがある金持ちの家の窓の外にやって来た。家のなかには窓越しに主人が立っている。この場合、物乞いと主人の間での物の移動（運搬）を何パターンに分類できるだろうか。ふたりは窓から物をやり取りすると仮定する。

■ 「運搬」を100パターンに分類するには

　細かく分類できればできるほど、ユダヤ的といえるだろう。さまざまな分類方法が考えられるが、前述の「**運搬方法**」「**運搬の起点**」「**運搬の到達点**」の切り口をヒントに、挑戦してほしい。

　古代ヘブライ学者たちはどのように分類したのだろうか。
　彼らはまず、「手を差し伸ばしたのはどちらか」という視点で分類した。物乞いが家の外からなかに手を差し入れたのか、それとも家の主人が家のなかから外に手を差し伸ばしたのか。
　次に、「物がどちらの手からどちらの手へ移ったのか」で分類できると考えた。物乞いが持っていた物が家の主人の手に移ったのか、それとも家の主人が持っていた物が物乞いの手に移ったのか。
　この時点で2×2＝4形態に分類されたことになる。これによって、たとえば「物乞いが家の外からなかに手を差し入れた」という同一条件のもとでも、「物乞いが持っていた物が家の主人の手に移った」場合と、「物乞いが差し入れた手に家の主人が持っていた物が移り、物乞いがその手を引いた」場合では行為が区別されることになった。
　また、「物がどのように移ったのか」にも着目している。つまり、物を持っている人が相手の手の上に乗せたのか、物を持っていない人が相手の手から奪ったのかによっても違いが生まれるというわけだ。そうなると、たとえば、「物が主人の手から物乞いの手に移った」という同一条件においても、「主人の手から物乞いが奪った」場合と「主人が物乞いの手の上に置いた」場合では行為が異なってくる。
　ここまでの分類をまとめてみよう。

分類①：手を差し伸べたのはどちらか──運搬方法
分類②：物がどちらからどちらへ移ったのか──運搬の起点と到達点、運搬の向き
分類③：物の受け渡しをどのように行ったのか（物を相手の手の上に乗せたのか、相手が自分の手から奪ったのか）──運搬方法

ヘブライ学者たちの分類はまだ続く。

分類④：物乞いが立っていたのはどんな場所か（公道か、それとも隣家の私有地か）──運搬の起点と到達点の敷地の種類
分類⑤：物乞いはどのように立っていたか（家の縁に足をかけて立っていたか、足はかけずに立っていたか）──運搬の起点と到達点の敷地の状況

　この時点で「物を動かす」という行為に適用された分類は32パターン（＝２×２×２×２×２）。実際に彼らが試みた分類はもっと多い。ヘブライ学者たちは、これらすべての分類について「十戒に違反した行為かどうか」をひとつずつ議論している。
　日本人からすると気が遠くなるくらい途方もないプロセスを経て、ユダヤ人は「運搬」という言葉を定義しているのである。

信念にもとづく「自分の定義」

　「これが運搬かどうか」の解釈は学者ごとに異なり、またその根拠も違う。説得力のある意見が有力説とされてはいるものの、「これが正解」というものが存在しないのもユダヤの議論の特徴だ。

現代に生きるユダヤ人は、タルムードで展開されるヘブライ学者たちの議論を参考に、現代の生活に合った自分なりの「運搬」の定義を考え、それに従って生活している。つまり、ユダヤ人同士でも「運搬」の定義については意見が分かれるし、「安息日にしてはならないこと」の解釈も違うということだ。

　たとえば、ユダヤ教のなかでも最も厳格な信者である超正統派（ウルトラオーソドックス）は、議論のなかでも厳しい解釈を採用する。安息日には鞄を持ち歩くことも許されないという解釈に立ち、手ぶらで過ごす。

　では、土曜日に礼拝所に行くのに聖書を持って行くことはどうなのか。ちなみに土曜日に礼拝所に行くことは、安息日にやるべきこととして十戒に定められているので、禁止事項には含まれない。「運搬」を厳格に定義する人は、家から礼拝所まで聖書を持ち歩くこともよしとせず、聖書を礼拝所に置いておくだろう。

　また、その日のラバイの説話がまとめられたプリントが配られたときに、「今日はいい話だったからプリントを持ち帰ろう」という場合はどうなのか。これも「運搬」を厳格に定義するなら、その日は持ち帰らずに、翌日に持ち帰るという選択になるだろう。

　前述の「火をつける」行為についても、人によって解釈が異なる。「電気も火だ」と解釈する人は、安息日に知人の家に食事に招かれたとき、呼び鈴を押さずに、ノックする。呼び鈴を押せば、電気を使うことになるからだ。

　これらはすべてタルムードにおいて、あるいはその後のヘブライ学者の間で議論が尽されている。

　つまり、およそ人生において起こり得るあらゆる形態の分類がタルムードのなかにすでにある。したがって、「この場合はどうすれ

ばいい?」と悩むことがあれば、ユダヤ人は真っ先にタルムードを参照するのである。

タルムードのなかのどの意見を自分の生活に取り入れるのかは、その人次第である。**その人が採用した定義には、その人の信念が反映されるのである。**

ただし、現代に特有な生活習慣や様式については、いまもヘブライ学者たちの間で激しい議論が続いているものもある。

安息日におけるカード利用もそのひとつだ。安息日に「お金」に触れることは厳禁だが、それならクレジットカードはどうか、タッチレスのプリペイドカードなら良いのか、はたまたOysterカード(ロンドン)やMetroカード(ニューヨーク)を使って安息日にバスや地下鉄に乗る行為は「お金」に触れる違反行為になるのか。

技術の進歩に伴い生活様式が変わるたびに、ヘブライ聖書に書かれた掟を現代社会に適用すべく、白熱した議論が繰り広げられている。

日本人は多神教民族だから、一神教徒のように生活の中に宗教的禁止事項がない。そのため、生活のなかで何が禁止されて、何が許されるのかを分類したり議論したりする必要がない。しかし一方で、**この気楽さが、日本人の思考停止を招いてしまっているのではないだろうか。**

分類の習慣が思考を深める

本章ではユダヤ人の分類主義を見てきたが、誰もが普段から何気なく行っている分類というアプローチも、意識して徹底的に行えば、物事をより深く理解し、思考の幅を飛躍的に広げるのに非常に役に

立つことがわかるだろう。

　物事を細かく分類し、考えの及ばなかった領域にも分類の手をのばすことで、考える範囲が広がり、新たなアイデアや気づきが生まれる。

　また、分類によって生まれたグループのもつ意味を深く考えることで、物事の本質に近づく学びを得ることができるのである。

第2部
ユダヤ人は何をどう学ぶのか
〜本質をつかむ学びガイド〜

第4章

歴史を学ぶ
〜サバイバル戦略としての歴史観〜

なぜ歴史を学ぶのか

　ユダヤ人にとって、ヘブライ聖書を学ぶことは、すなわちユダヤ数千年の歴史を学ぶことである。
　敬虔(けいけん)なユダヤ人は、古代ユダヤ民族の歴史が書かれたヘブライ聖書を毎週のように読み、日常生活の指針にしている。つまり、歴史を学ぶことが、日々の勉強の柱になっているのだ。
「何をどう学ぶのか」というテーマでまっさきに「歴史」を挙げたのは、こうした理由からである。
　日本でも近年は、歴史を学ぶことがブームになっていると聞く。学生時代に世界史や日本史をひととおり勉強したものの、大人になってもう一度歴史を学び直そうとする人が多いようである
　学生時代に「何年に何が起きた」をひととおり覚えたものの、それだけではいま世界で起きている問題や紛争の背景が理解できないし、外国人に自分の国のことも満足に説明できない。そんな自分を恥ずかしく思うコンプレックスが、真面目な日本人を歴史の勉強に駆り立てているのであろう。

　ここであらためて考えてほしい。
　あなたはなぜ歴史を学ぶのだろうか。
　歴史を学ぶことはなぜ重要なのだろうか。
　歴史の学習を実のあるものにしたいなら、歴史を学ぶ意味を自分なりにつかんでおくことが大切だ。

　次に読者に問うのは、世界情勢に関する質問である。次のCASE STUDYを入口に、まずは歴史を学ぶ意味を考えてみたい。

CASE STUDY
～AIIBにおけるイギリスの意図を歴史から読み解く～

　中国主導のアジアインフラ投資銀行（AIIB）が2016年にスタートした。アメリカが創設メンバーへの参加を見送る一方で、欧米主要国で真っ先に参加を決めたのはイギリスだった。
　イギリスが中国寄りの政策を推し進める理由を、あなたはどのように考えるか。

現在は過去によってつくられる

AIIBは、日米が主導するADB（アジア開発銀行）では対応しきれない、アジアのインフラ整備の資金ニーズにこたえるためという目的をもって、中国が提唱し、設立された。しかし、実際のところは、国際通貨基金と世界銀行というアメリカ主導の世界金融支配の構図に対抗するという中国の本音がみえる。

先進主要国のなかでイギリスが真っ先に創設メンバーへ名乗りを上げると、フランスやドイツなどEU主要国も雪崩を打ったように後に続いた。

イギリスのこうした独自性は、EU離脱問題でも貫かれているようにみえる。

イギリスの産業はなんといってもシティの金融、証券産業である。AIIBへの積極的参加には、世界に冠たるイギリス金融業の将来は中国抜きには考えられない、という明確な意思表示がみてとれる。イギリスの参加表明に対してアメリカは不快感を表明したが、イギリスは中国ともうまくやっていく道を選んだということだ。

EU離脱に向けて舵を切ったイギリスは、ますます中国重視の姿勢をとるに違いない。

このイギリスの動きの背景に、中国経済の存在感の高まりがあるのは誰もが察するとおりだが、歴史的観点からは別の見方があることをここでは紹介したいと思う。

自国の利益追求という背景の他に、英中関係の長い歴史の影響があるのだ。

いま、欧米の政治家の間で広く読まれている本がある。第二次世

界大戦における日中戦争の役割を考察した『China's War with Japan, 1937-1945: The Struggle for Survival』（2013年、イギリスにて刊行）である。著者は、オックスフォード大学の歴史学の教授であり、現代中国史の第一人者であるラナ・ミッター氏。インド人である彼が、膨大な史料調査をもとに書いたこの本は、評論家の間でも高い評価を得て、2014年、安全保障分野の研究に貢献した著者に贈られる賞（Duke of Westminster Award for Military Literature by RUSI：RUSIとは英国王立防衛安全保障研究所）を受賞した。

　私はユダヤ人の知人からこの本について尋ねられ、「知らない」と答えると、「日本人なのに読んでないのか」と馬鹿にされたほど注目されている本である。

　ミッター氏が主張するのは、「連合国つまりイギリスが勝利したのは、抗日戦争で多大な犠牲を払った中国の貢献が大きい」という見解だ。これまではヨーロッパ戦線でドイツを打ち負かしたことが勝因のように語られてきたが、アジア戦線で中国が果たした役割にも光を当てようというものだ。

　ミッター氏によると、連合国の戦略は、「日本を中国に張りつけておく」ことだった。1937年の日中戦争勃発以来、中国が屈せず戦い続けたおかげで、日本軍の戦力は消耗し、他方面への作戦が手薄になったと分析している。もし仮に、中国国民党軍が短期間で降伏し、日本がより多くの兵を太平洋方面に展開していたら、戦況は連合国にとって劣勢に傾いたかもしれない。

　結果的に、日中戦争で日本軍の被害は45万人に上った。中国側の被害は、もちろんその比ではない。中国の犠牲がなければ、連合国の勝利はないばかりか、いまのイギリスは存在しなかったかもしれない。イギリスが滅びずに残ったのは中国のおかげであり、イギリ

スは中国に歴史的大恩がある——これがミッター氏の見立てである。

中国の果たした歴史的役割とは？

　第二次世界大戦における中国の役割が評価され始めたのは、じつは最近になってからのことだ。

　中国では戦後すぐに国共内戦が勃発し、蒋介石率いる国民党政府は台湾に逃れた。その後長らく毛沢東の統治下にあったため、抗日戦争を主に戦った国民党軍の犠牲も、連合国勝利への貢献も、評価されることなく忘れ去られていたという。

　近年になって、中国政府が台湾統一を掲げるようになり、抗日戦争で国民党軍が果たした役割が草の根レベルで再評価されるようになってきたのだ。

　また、中国が世界でその存在感を増すにつれ、第二次世界大戦での日中戦争や中国の役割に注目する西側の歴史学者も増えているという。その代表的な歴史学者が、ミッター氏というわけだ。

世界情勢を読み解くカギは"歴史認識"にある

　この再評価の動きは、いったい何を意味するのだろうか。
　ミッター氏は著書のなかで、こうも述べている。

「日中戦争を理解することは、中国のグローバルパワーとしての台頭を予測し理解することにつながる。」

中国の犠牲と貢献のうえにいまの世界があるという歴史認識に立てば、中国が周辺諸国との国境紛争で見せる強引で挑発的な行動の理由や、今後中国がどのような行動に出るかが読めてくる。中国の一歩も譲らない態度の裏には、日本との戦争で支払った犠牲を返してほしい、借りを返すべきだ、という世界への要求があるという。
　では「借りを返してほしい相手」とは誰なのか。
　それは、第二次世界大戦の戦勝国である。イギリスとアメリカ、それにフランスも含まれる。

　こうした歴史認識は、中国に対する欧米の出方にも確実に影響を与えることが予想できる。ミッター氏の著書は欧米の政治家に広く読まれており、現代の政治に与える影響は大きいと思われる。
　イギリスがAIIBへの参加を真っ先に決めたことは、この文脈から読み解くことができる。歴史上大恩のあるイギリスとしてはその中国の恩に報いるために協力するし、また、それが自国の利益にもなるというわけだ。
　もちろん、イギリスだけではない。たとえばアメリカは、中国が南シナ海に展開する軍事基地化に対し、これを実力で阻止はしないだろう、という見立てになってくる。
　また、中国経済のつまずきや失速に対して、イギリスやアメリカがこれからどう関わっていくのかも、この文脈から予測できる。
　結論をいえば、アメリカとイギリスは中国を絶対に潰さないだろう。これからは、米英中で分かち合う世界をつくることを、米英中が暗黙のうちに握っているはずである——と、このように推測できるのである。
　EUとは違った独自の動きを見せるイギリスの政策の裏には、ラナ・ミッター氏のような人物の影響力が存在することに思いを致さなく

てはならない。

あらためて歴史を学ぶ意味を考える

　新たな歴史認識をもとに世界のあり方が再構築されていくダイナミズムを、いままさに私たちは経験している。ただし、この変化に気づくことができるのは、ミッター氏のような視点で物事をとらえられる人だけだ。つまり、**世界情勢を正しく認識し、世界がどのように動こうとしているかを察知するには、歴史を通していまの世界を見つめなおす目が必要**なのである。

　これからの中国の政治や経済を予測するのは、原油価格の動向でもなければ、中国不動産市場の傾向でもない。さまざまな経済指標からは、今日や明日の動きを予測することはできても、時代の大きなうねりを見通すことは難しいだろう。

　歴史を通して現在を理解しようとする視点によってのみ、表層にとらわれることなく、物事の本質を見抜き、世界が向かう先を予測することが可能なのである。

　私たちが歴史を学ぶのは、そのためである。

「歴史を学ぶ」ことについて、さらに考えを深めてみる。
「過去にこういう出来事があった」と知るだけでは、歴史を学んだことにはならない。それは単なる史実である。

　現在につながる時間の流れのなかで史実を位置づけ、自分たちがいまいる世界との関連のなかでの意味をとらえることではじめて、歴史としての文脈が生まれてくる。

　歴史に向き合うなかで、私たちは自分がいる世界や自分という存在について考え、さらに自分たちの世界が向かうべき方向や、自分

たちがどう生きていくかを、みずからに問いかけることができるのである。

つまり、こういうことだ。

史実という知識は、未来への適用があってはじめて、知恵（Wisdom）となって生きてくるのである。知恵とは「知識の未来への適用」であり、ユダヤでは常に知識よりも「知識の未来適用」としての知恵を大切にする。

現在について考え、未来を予測するために、私たちは歴史を学ぶのである。

歴史専門家こそがスーパーエリートである

日本では、歴史は学問としてそれほど重要視されていない。

最近でこそ、社会人の教養として歴史を学ぼうとする人は増えているのかもしれないが、政治経済や金融、マーケティングを学ぶのと同じかそれ以上に重要なものとして歴史を学び、歴史的な視点から物事を理解しようとする人は多くはないだろう。大学で歴史を専攻したいといおうものなら、「そんなものを勉強しても就職に役立たないからやめなさい」と周囲から説得されるのがオチである。

ところが、欧米では事情が異なる。たとえば、イギリスの大学の最難関といえば、オックスフォード大学の歴史学部である。日本でいう「東大理Ⅲ」を想像してもらえばいい。オックスフォード大学の歴史学博士号がイギリスでは最高の学位なのだ。

政治家に歴史学部出身が多く、また歴史の専門家が政治の根幹に携わるのも日本とは大きく異なる点だ。**政治や経済が人間の営みであるからには、人間の本質を知るために歴史を学ぶことが重要だ**と彼らは考えているのだろう。

イギリスの場合、戦後の首相経験者16人のうち、歴史学を学んだ首相は３人いる。ゴードン・ブラウン元首相（2007～10年就任）はエジンバラ大学で歴史学を専攻しているし、ハロルド・ウィルソン元首相（1974～76年、1964～70年就任）とサー・アレック・ダグラス＝ヒューム元首相（1963～64年就任）はともにオックスフォード大学で現代歴史学を専攻している。

　キャメロン前首相（2010年～2016）はオックスフォード大学で政治・哲学・経済を専攻し、歴史学を学んではいない。その代わりイギリスの中国政策に深く影響を与えていたのが、オックスフォード大学の歴史学部で中国研究のトップに立つラナ・ミッター氏である。

　なお、イギリスのミッター氏のように、アメリカにも中国政策に影響を与える歴史専門家がいる。ハーバード大学で現代中国史が専門のウィリアム・カービー氏である。

　彼が単なる歴史学者だと思ったら大間違いで、歴史学部の教授でありながらハーバード・ビジネス・スクールの教授も兼任している。つまり、アメリカと中国の政界・ビジネス界の接点をとりもつ中心人物といえる。

　一方、日本ではどうだろうか。

　戦後日本で首相を務めた34人の専攻科目を調べてみたが、学生時代に歴史学を学んだ人はひとりもいなかった。圧倒的に多いのは法律学と政治学で、近年は経済学を専攻した首相も増えている。

　予想どおりではあるが、日本での歴史の位置づけの低さがあらためて浮き彫りになった。日本の歴代内閣で歴史学者をアドバイザーに迎えたという話も聞いたことがない。

歴史の学びは「なぜ?」から始まる

　日本の学校教育で歴史が不人気なのは、ひとえに暗記科目であることが理由だろう。しかし、暗記は本質をつかむ学びには必要ないことはすでに述べた。

　ではどのように歴史を学ぶとよいのだろうか。ここからは歴史の学び方について考えていく。

　かつてオックスフォード大学の歴史学部に留学していた外務官僚や、イギリスの大学で講師をしていた人に聞いたことがあるが、**オックスフォード大学の歴史の勉強はつねに「Why?」を学ぶこと**だと話していた。

　私が視察したアメリカのあるボーディングスクールでは、アメリカ史の授業で4冊のテキストブックを使っていた。そのうちの1冊は分厚い資料集で、歴史上の人物が書いた日記や書簡などがぎっしりと詰まっている。残りの3冊はいわゆる教科書であり、これは後世の歴史家が書いた評価である。授業ではこれらを比較しながら、史料と歴史的評価の違いを議論し、後世の歴史家がいかに歴史的評価を構築していったかを学んでいた。

　授業の中心は、やはり、「なぜ?」を考えることである。たとえば、「なぜアメリカ先住民がヨーロッパ大陸を発見しなかったのか」「史料によるとアメリカ大陸を発見したコロンブスはじつに嫌な人間だったが、なぜいまコロンブス・デーというものがあるのか」といったユニークな質問が教師から生徒にどんどん投げかけられる。それについて生徒が考え、答えていくのである。たとえば前者の質問に対しては、文明の発達の違い、スペインやポルトガルにおける航海術の発達などについて議論が繰り広げられる。

一方、日本の日本史や世界史の授業は教科書の暗記が中心である。その教科書も、私自身、読んでおもしろかったという記憶はない。以下に、高校の世界史の教科書から、満州事変と日中戦争について記述した部分の一部を引用する。これを読むと、学生時代の歴史の勉強になぜ興味がもてないのかがよくわかるだろう。

1931（昭和6）年9月、日本の関東軍（かんとうぐん）は中国東北地方（当時日本では「満州（まんしゅう）」と呼んでいた）の柳条湖（りゅうじょうこ）で鉄道を爆破（ばくは）し、これを口実に軍事行動をおこして、東北地方の大半を占領した。これが満州事変で、軍部は国際社会の注意をそらすために、32（昭和7）年には上海（シャンハイ）事変をおこした。

（引用元：「詳説　世界史B」358ページ、山川出版社、2015年発行）

　古代から現代までの世界の通史を一冊にまとめようとすれば、限られたページ数では出来事の羅列になってしまうのも致し方ないのかもしれない。しかし、これくらいの情報はインターネットを検索すればすぐに参照できる。出来事だけを追っても背景やつながりがわかりづらいから、歴史に興味がもてないのも当然だろう。

教科書を読むだけで、歴史を学んだことにしてはいけない。
ここからがスタートである。
　歴史を学ぶのは、「現在について考え、未来を予測し誤りのない選択（Wisdom）をするため」だと書いたが、そのためには過去の出来事を歴史の流れのなかでどう位置づけるかが重要である。過去の出来事を自分の思考フィルターを通して見つめなおし、その出来

事にどんな意味があったのかを考える作業が必要である。

そこで独自の気づきや発見を得られれば、**自分だけの歴史観**を構築することができるはずである。

過去の出来事について「それにどんな意味があったのか」を考えるきっかけとして、「なぜ？」と問いけてほしい。疑問や興味関心から生まれた問いかけをきっかっけに、過去の出来事を掘り下げていくのである。

満州事変や日中戦争の記述から、あなたはどんな疑問をもち、どんな問いを設定するだろうか。

そこから史料にあたって、自分なりの考察をまとめ上げたなら、それは本質的な歴史の学びになる。

▎問いを設定し、史料にあたって掘り下げる

たとえば、こんな問いが考えられる。

なぜ関東軍は柳条湖事件を起こしたのか。

事件の背景には何があり、首謀者の石原莞爾はどのような見込みをもっていたのだろうか。

それを知るには、石原の著書をあたる必要があるだろう。

満州事変は日本政府の意に反した関東軍の暴走という解釈があるが、もしそうなら関東軍はなぜ暴走したのか。政府や陸軍は、満州に関してどのような戦略や考えをもっていたのか。日本政府や陸軍に関する史料を調べ、石原の戦略と比較してみるのもおもしろい。

大きな疑問として浮かび上がるのは、そもそもなぜ日本は満州に領土を築く必要があったのかである。このあたりの問いが、満州事変の歴史上の意味を考えるうえでカギになるはずである。

世界の大局から事実をつかむ

世界の大局から出来事をとらえる視点も重要だ。

日中戦争を日本と中国国民党や共産党との戦い、つまり日中の問題としてとらえるのは、あくまで日本人の見方である。

当時、日本の陸軍内部では「対支一撃論」が唱えられ、内戦状態の中国を一撃で倒せると考えていたというが、この点でも当時の日本の指導層が自国起点でしか物事を考えていなかったことがわかる。実際には一撃どころか、英米の援助を受けた中国との泥沼戦争に陥っていくことになるからだ。

日中戦争を歴史の流れで位置づけて考えるには、**当時の世界を動かしていたイギリスとアメリカが、第二次世界大戦における世界的な軍事戦略のなかで、アジア戦線をどう見ていたかを知る必要がある**。

また、ソ連の見方も考慮が必要だろう。張学良（ちょうがくりょう）が蒋介石（しょうかいせき）を監禁した西安（せいあん）事件も、日中戦争の発端となった盧溝橋（ろこうきょう）事件も、その背後を詳しく追っていくとソ連共産党スターリンの影に行き着くという見方もできる。領土の東西をドイツと日本に挟まれたソ連は、日中戦争ほど自分たちに都合のよい状態はなかったはずだ。スターリンも日本が中国と泥沼にはまっていくことを望んでいた。

それから、日本の同盟国であるドイツは日中戦争をどう見ていたのか。中国などに構わず、ソ連を攻めてこいと思っていたはずだ。

複雑に絡んだ各国の思惑を見ていくことで、日中戦争を歴史の流れのなかで理解することができる。そうした本質的な理解があってこそ、グローバル世界である現代に結びつけて考えることができるのである。

世界が日中戦争をどう見ていたのかは、先ほども紹介したとおり、「日本を中国本土で消耗させることが狙いだった」とするラナ・ミッター氏の見解が参考になるだろう。彼が日中戦争を考察した著書は、日中戦争を現代世界史に位置づけるうえでの定本になるといわれている。

　彼の著作を読むと、膨大な量の史料をベースにした徹底した原典主義に舌を巻く。彼は10年にも及ぶ調査研究を経て、本にまとめたという。巻末には極めて長い参照文献のリストが載っており、執筆にあたって膨大な量の史料にあたった事実を物語っている。

　彼が採用した史料の中心は、当時の証言である。当時の中国に滞在したドイツの宣教師が書いた日記、西洋人が中国から本国に送った手紙などである。日本人でもなく、中国人でもなく、西洋人の日中戦争体験の史料をベースに書かれている点が特徴だ。

　こうした歴史専門家の著書を読めば、自分の歴史認識を構築する手助けになることは間違いない。

　また、著書を読むだけでなく、著者が集めた史料に直接あたることで、著者の見方ではない、自分なりの歴史の見方が見つかるはずである。たとえば、ミッター氏が収集した西洋人による日中戦争の史実を、日本人である読者が追体験する。そうやって獲得した歴史観は、あなただけの歴史観である。

　日中戦争の時代は、国内のナショナリズムの高まりと相まって、思想や言論への弾圧も激しさを増した。

　次にCASE STUDYとしてとりあげるのは、日本の右翼思想と左翼思想を代表するふたりの論客、三島由紀夫と河上肇である。

　以下は、アメリカ・コネチカットにあるジュニア・ボーディング

スクールの中学3年生の日本史の期末試験で、実際に出題された問題である。

CASE STUDY
〜三島由紀夫と河上肇の思想〜

　三島由紀夫と河上肇。かたや戦後を代表する小説家でありナショナリスト、かたや戦前の左翼運動の理論的支柱であったマルクス経済学者である。

　戦前から戦中・戦後の時代を生きたふたりの文章（三島由紀夫の「檄文」、河上肇『貧乏物語』）を読み、彼らの思想の違いや、なぜそのような思想が生まれたのかを考え、意見を述べよ。

※これは実際アメリカのボーディングスクールで出された期末試験の問題そのものである。

▶ 戦中戦後の思想の変遷から何を学ぶか

　いまの日本では思想の「右」や「左」という感覚自体が薄れてしまっているため、特に若い人は右翼や左翼といってもピンとこないかもしれない。おそらく三島が陸上自衛隊市ヶ谷駐屯地内で割腹自殺する前にばら撒いた檄文を読んだことのない人がほとんどだろうし、日本の教科書では「河上肇」をとりあげないから、河上の名前を知らない人も多いのではないだろうか。

　第二次世界大戦以前の明治から大正にかけての日本には、欧米から左翼思想が導入され、民主主義の気運が高まった時期もあった。ところが、左翼思想が広まると、政府がこれを弾圧し、それによって逆に右翼思想を強めていった。

　戦後になると、こんどは連合国の占領下で進む民主化によって右翼思想が大打撃を受けた。安保闘争を中心に左翼運動の盛り上がった1970年、国家主義者の三島が市ヶ谷駐屯地での立てこもり事件を起こしたのである。

　このふたりを比較してみると、さまざまな問いを設定できる。

　たとえば、戦時中、河上をはじめ左翼思想はなぜあれほどおそれられ、弾圧されたのか。戦後の日本はどう変わっていったのか。戦後25年にして三島はなぜ事件を起こしたのか。

　思想の変遷とそれに伴う社会の変化を史料にあたって読み解くことで、日本の民主主義――思想、表現、信仰の自由――についての深い考察につながるのではないか。

▶ いま、右翼思想と左翼思想について考える意味

「右」や「左」の意識が薄れたいまの時代に、それについて思考する意味があるのかという疑問もあるだろう。

ここで考えてみてほしいのは、右翼思想や左翼思想の問題は、もう私たちには関係ないことなのかということだ。思想弾圧は過去のことで、もう終わったことなのだろうか。

いや、そうではないと私は考える。

アメリカを例にとると、保守的な南部の州では、神がすべての生物を設計したとする天地創造説に対し、否定するような学校教育（つまり進化論の授業）を禁止する州法が1980年代まで残っていた。いまでも一部の親からの抗議をおそれて、生物の授業で進化論に言及したがらない教師が存在するという。すなわち、アメリカにはいまも「右」と「左」が残っていて、無言の圧力を生んでいるのである。

1960年代、キング牧師が公民権運動を指導してアフリカ系アメリカ人の公民権を勝ち取った。それで差別問題は終わったのかといえば、そのようなことはない。いまだに白人警官による黒人射殺事件はなくならない。黒人の大学進学率は低く、黒人が刑務所に収容される割合は高い。黒人の平均収入は白人より低い。白人居住地域と黒人居住地域は区別されていて、黒人が白人居住地域で土地を買おうとしても、ローンが組めないなどの差別がいまだにある。

黒人差別問題は過去の問題などではなく、アメリカがいまなお抱える問題である。

同じように、「右」と「左」、差別の問題は日本にもある。いや、問題の"種"はいくらでもあると言ったほうがいいだろう。

たとえば年々増え続ける外国人労働者。厚生労働省によると、

2015年10月末現在の外国人労働者数は約91万人で、前年より15.3％も増えた。外国人労働者のなかには、技能実習制度で来日した外国人が実習先から失踪し、そのまま日本に不法滞在するケースが多いようだ。

いまは３兆円もの訪日外国人客の消費によって日本経済が支えられているから何事もなくても、問題は彼らの爆買いが終わったあとだ。いずれ日本が移民を受け入れる時代が訪れる。そのとき、外国人労働者とどう向き合っていくのか問われることになる。

右か左かということに留まらず、「価値観の違いの問題」としてとらえるならば、価値観の違いはどの時代にも存在し、私たちの歴史から永遠に消えることはないだろう。

価値観の違いという永遠の課題に対し、私たちはどう向き合っていくのか。最善の道は、一人ひとりが歴史から学ぶしかないのではないか。

CASE STUDY
〜歴史から紐解くエジプトの役割〜

　エジプトは中東和平の仲介役として期待されているが、それはなぜだろうか。

　イスラム教国家であるエジプトと、ユダヤ教徒の関係を歴史から紐解き、考えよ。

▎イスラム教徒とユダヤ教徒は敵対関係にあるのか？

　このような問題を日本の高校の歴史の期末試験として出題するならば、それはアメリカのボーディングスクールとほぼ同じレベルの教育の方向性といって良い。

　「イスラム教徒とユダヤ教徒の関係は？」と聞かれて、「水と油」「敵対関係にある」と答える人は多いだろう。

　ところが、過去をさかのぼると、決してそうではない。

　数千年にわたりユダヤ教を庇護し、ユダヤ教の母なる地であったのは、じつはイスラム教国のエジプトだったのだ。

　エジプトで生き延びたユダヤ教の歴史を簡単に見てみよう。

　ヘブライ聖書「創世記」で語られているように、ユダヤ人ヨセフ（Joseph）はファラオの時代のエジプトで総理大臣にまで登りつめていた。しかし、エジプトにおけるユダヤ全盛期は長く続かず、「出エジプト記」でも語られているように、紀元前13世紀頃には、ユダヤ人がエジプトの奴隷になり下がり虐げられた時代もあった。

　その後、ダビデ王やソロモン王の時代にイスラエル王国は繁栄の時代を迎えるも、王国がローマ帝国に滅ぼされると、ユダヤ人はパレスチナ地方からの離散を余儀なくされる。いわゆる「ディアスポラ」の始まりである。

　そのときユダヤ人を保護したのがエジプトだったのだ。

　7世紀にイスラム教が誕生し、エジプトのイスラム化が進んでも、啓典を同じくする「啓典の民（けいてんのたみ）」としてユダヤ教徒は信仰を認められ、一級市民として保護された。

　ユダヤ文化が最盛期を迎えたのは、1200年頃のエジプト・カイロ

であった。「現代のユダヤ教はこの人抜きには語れない」といわれるほど偉大なユダヤ学者であるマイモニデスが、カイロにあるシナゴーグで『ユダヤ教全集』を完成させたのもこの頃である。

マイモニデスは、ユダヤ人には特別な存在だ。なにしろユダヤ人がヘブライ聖書を勉強するときは、マイモニデスの見解を必ず参照するよう小さい頃から教えられる。それゆえユダヤ人は、迫害を逃れてスペインからエジプトに移住したマイモニデスを庇護したエジプトに、足を向けては寝られないのだ。

そして、第二の開花期は、イスラム教国であるオスマン帝国のイスタンブールで迎えた。1492年、スペインから追放された多くのユダヤ人が、モロッコや北アフリカを経由してオスマン帝国に流れ着く。ユダヤ人はこの地で、経済や行政分野で重要な役割を果たし、一大勢力を築いたのである。

歴史を知れば、物事の本質が見えてくる

こうしてユダヤ教は、異教徒にも寛大なイスラム社会に守られてこれまで生き延びてきた。過去数千年の歴史をかんがみれば、20世紀以降のイスラエルとアラブ諸国の政治的対立は、ほんの一時の出来事だとわかるだろう。

中東戦争でエジプトはイスラエルを攻撃したが、エジプト第二の都市・アレクサンドリアにあるシナゴーグでは、約1000年前にマイモニデスが書いた古文書がいまも保存されている。なぜエジプトは、中東戦争の時にこれを破壊焼却処分しなかったのか？

エジプトやモロッコ、イスタンブールにはいまもたくさんのシナゴーグが存在し、ユダヤ教徒がそこで宗教儀式を行うときは、イスラム教徒が建物のまわりを警備し、守ってくれる。イスラム教徒と

ユダヤ教徒は、これまでもこれからも、共存する間柄であり続けるだろう。

　エジプトの功績をもうひとつ付け加えると、ヘブライ聖書がはじめてギリシア語に翻訳されたのも、当時ヘレニズム文化の中心地として栄えたエジプトのアレクサンドリアだった（紀元前2世紀）。ヘブライ語から当時の国際語だったギリシア語に翻訳されたことで、ヘブライ聖書が世界に開かれたのだった。
　このギリシア語の翻訳版が、のちに成立するキリスト教の旧約聖書となり、世界に普及していくことになる。つまりエジプトは、キリスト教の誕生にも影響を与えていたことになる。また、イスラム教が、ユダヤ教とキリスト教の影響を受けて誕生したことはご承知のとおり。このことからも、世界の3大宗教を育んだ地としてのエジプトの存在感の大きさを知ることができる。

　この観点から大英博物館は、「Faith after the pharaohs」（ファラオ後の信仰）という大規模な特別展示を2015年から翌年にかけて行っている。
　この特別展示に資金を提供したのが、ロシア系ユダヤ人であり、イギリスきっての資産家といわれるレオナルド・ブラヴァトニク（Leonard Blavatnik）だ。彼はオックスフォード大学の900年の歴史上最大規模となる約150億円の寄付をした。そのほかにも、母校のハーバード大学に50億円、カーネギー・ホールに20億円を寄付している。毎月タンカーを借り切り、アメリカからイスラエルの貧困者に食料を送り届ける活動も行っている。
　ロシアで生まれ、イギリスとアメリカで大成功したユダヤ人が、なぜ、「エジプトはユダヤ教のゆりかご」をテーマとする大英博物

館の特別展示を支援したのか。

この事実からも、ユダヤとエジプトの関係性の強さがうかがえるのである。

ユダヤとイスラム世界の歴史的背景を知り、また現在も、人口の88％をイスラム教徒が占めるエジプトでは、憲法第45条でユダヤ教徒に信教の自由、信仰の自由を保障していることを知れば、中東問題や、シーア派とスンニ派の対立などでエジプトが仲介役を果たす可能性が十分にあることがわかるだろう。

ユダヤ人は数千年前からの民族の歴史をまるで昨日のことのように勉強しているし、キリスト教徒やイスラム教徒も同じである。エジプトに対しては、「昨日も守ってくれたように、今日もお願いします！」という感覚に近いといえる。

いま目に見えている事象が、本来の姿であるとは限らない。
歴史の大きな流れから現在をとらえることで、物事の本質に近づくことができる。現在をよりよく知るために過去に立ちかえり、歴史の目を通して再び現在を見つめなおすことで、世界の輪郭がより鮮明になる。これも歴史を学ぶ醍醐味であり、時代を生き抜くための知恵である。

「愚者は現代に学び、賢者は歴史に学ぶ」という。

マスコミが流す新聞や週刊誌の現代情報のみに学ぶことは愚者になるということだ。歴史に学び、賢者の道を進みたいものである。

▶ ローマ文明の果たした役割を再定義する

　世界を理解するためのキーワードとしてもうひとつ挙げるとすれば、ローマ文明だろう。

　イタリア半島で発達した古代ローマは、紀元前1世紀頃から地中海周辺の広い地域を支配するようになり、ローマ帝国へと発展する。ローマ帝国の礎を築いた初代帝王アウグストゥスは、ヨーロッパからエジプトを含む北アフリカまで広大な地域を治めた。

　アウグストゥス帝の彫像の写真は、世界史の教科書などで目にしたことがある人も多いだろう。記憶にあるのは全身の像だと思うが、私がアウグストゥス帝の像としてまず思い浮かべるのは、大英博物館に展示された頭部の像である。発見された場所（古代都市メロエ、現在のスーダン）にちなんでThe Meroë Head of Augustusと名づけられ、大英博物館ではロゼッタ・ストーンと並ぶ貴重な文化遺産に位置づけられている。

写真提供：ユニフォトプレス　　写真：アフロ

写真は、The Meroë Head of Augustus（左）と、アウグストゥス帝の全身像（右）である。2枚を見比べると、メロエのアウグストゥス像はなぜ頭部だけなのか、という疑問を抱くのではないだろうか。

　ここで疑問を抱いた読者は、本質的な学びへとだいぶ近づいてきたようだ。

　元は全身の像だったものを、誰かが首から上だけを切り落としたことになる。では、誰が、何のためにやったのだろうか。

　大英博物館のホームページでその謎が解き明かされている。

　アウグストゥス帝は、支配領土の隅々にまで自分の権威を及ぼすため、自分の公式の彫像を普及させていたという。メロエで発見された像もそのうちのひとつだ。

　ただ、不思議なことに、メロエはエジプト第25代王朝のファラオを約100年にわたり輩出したクシュ王国の首都であり、ローマ帝国領ではなかった。当時、エジプトにまで広がっていたローマ帝国領との境界からは、何百マイルも南に位置していたのである。それなのになぜ、アウグストゥス像の頭部だけがメロエにあったのだろうか。

　それを解明するヒントは、同時代に生きたギリシャの歴史家・ストラボンの著作にある。この頭部は、クシュ王国メロエの軍隊が紀元前25年にローマ帝国の守備隊を襲撃したときに略奪した彫像のひとつと推測されている。

　メロエ軍はアウグストゥス像を戦利品として持ち帰ると、首を切った。そして頭部だけを戦勝記念館の玄関の足元に埋めたのである。記念館を訪れた人が必ずアウグストゥス帝の顔を踏みつけるようにするためだ。頭部だけのアウグストゥス像は、ローマ帝国の征服や迫害に対する当時の人々の抵抗の証だったのだろう。

　1910年に発掘されたとき、アウグストゥス像の頭部は建物への玄

関部分に埋められていたという。

　かくしてローマ軍は、クシュ王国の首都メロエを陥落させることができずに引き上げることになった。その屈辱の象徴が、首を切られたアウグクトゥス像なのだ。

　しかし、その約100年後の紀元70年に、今度はローマ軍はエルサレムに攻撃をしかけ、ユダヤ人を征服したのである。エジプトの南境で敗退したローマ軍は、反転してユダヤ人征服に向かったのだ。

　ローマ帝国はエルサレムを滅ぼし、ユダヤ人を離散に追いやった。ユダヤの神殿は破壊され、「なげきの壁」のみが残った。ローマ帝国はユダヤ人の敵であった。

　そのローマ軍の皇帝の首を切り、侵略を食い止めたのが、エジプトのファラオであったのは偶然ではない。

　敵の敵は味方である——ここにエジプトとユダヤ人の歴史の交接点のひとつがあるのだ。

　7世紀頃からイスラム世界が形成されると、エジプトはイスラム化され、ローマ帝国とイスラム世界のせめぎ合いが激しくなっていく。イスラムが一時はイベリア半島（スペイン）にまで勢力を伸ばすと、キリスト教徒が聖地回復を目指した十字軍やイベリア半島での国土回復運動などでイスラム勢力に対抗した。そして、15世紀にオスマン帝国に滅ぼされるまでローマ帝国は続いたのである。

　ユダヤ教は、ローマ帝国がキリスト教を国教としたことにより、イスラム世界のエジプトそしてオスマン帝国を庇護者として、1000年以上もその中で身を守ってもらうこととなった。

CASE STUDY
〜トランプ発言にどう反論するか？〜

　「史上もっとも不人気な対決」と揶揄された2016年のアメリカ大統領選。共和党候補のドナルド・トランプは、「イスラム教徒のアメリカへの入国を禁止すべき」などと差別的発言をくり返して物議を醸した。
　この発言に対して、日本人であるあなたはどう反応するか。

いま起きている変化を敏感に察知できるか

　どのような歴史観をもつかによって、対応は変わるはずだ。「アメリカとイスラムの間の問題だから日本人には関係ない」という反応だとしたら、あなたは現代に目を奪われた愚者であり、歴史に学ぶ賢者ではない。

　トランプ発言に真っ先に非難の声をあげたのが、ユダヤ教徒のフェイスブックの創業者であるマーク・ザッカーバーグだった。彼は早々に「反トランプ」を表明、イスラム教徒を歓迎する投稿をフェイスブックに載せたのである。

　ユダヤ人である彼が、なぜ、反論ののろしをあげたのか。

　彼はこう考えたに違いない。

　思想や信条、人種の違いだけで出入国が制限される事態がアメリカで許されるならば、ユダヤ人であるだけで教育を受ける権利や商売が制限されたり、国や地域から追放されたり、重税を課されたりするなどの差別や迫害を招くおそれもある。

　ユダヤ人青年は、トランプのイスラム教徒に対する排斥主義が反ユダヤ主義にも結びつくことを危惧したのである。

　そのときのザッカーバーグのコメントを一部紹介しよう。

"As a Jew, my parents taught me that we must stand up against attacks on all communities. Even if an attack isn't against you today, in time attacks on freedom for anyone will hurt everyone…."

(ユダヤ人である私は、すべてのコミュニティーに対する攻撃に立ち向かわなければいけないと両親から教えられた。それが自分に向けられたものではなくても、誰かの自由に対する攻撃はいつかすべての人を苦しめることになるからだ。)

じつは、このときトランプは、日本人にとって黙って見過ごすことはできない発言もしていた。

第二次世界大戦中に日系人らを強制収容したルーズベルト元大統領を引き合いに出し、自分の主張を正当化しようとしたのだ。「ルーズベルトは最も尊敬されている大統領のひとりである。私がやろうとしていることは、ルーズベルト元大統領が取った解決策と何ら違わない」とトランプは言い放ったのだ。

ザッカーバーグのトランプ批判は、この発言に対する抗議でもあった。

なぜ、真っ先に声をあげたのが日本人ではなかったのか。戦時中の日系人への権利制限措置や強制収容を正当化しようとしたアメリカ次期大統領候補に対し、日本の国会でトランプの非難決議を採択するくらいは当然だろう。なぜ日本の新聞も週刊誌も黙認したのか。ユダヤ人ザッカーバーグのようにすぐに声を上げるべきではなかったのか。

こういうとき、「日本人は歴史をもっと勉強すべきではないのか」と危機感を覚えずにはいられないのである。

もちろん、私が自分のブログで発言したのは言うまでもない。
（http://www.kanjiishizumi.com/?day=20151214参照）

ユダヤ人はサバイバルのために歴史を学ぶ

ユダヤ人が歴史の学習を重視するのは、「現在について考え、未来を予測するため」であるのはもちろんだが、もっとシンプルで根源的な理由がある。

それは、**歴史が自分たちの生存に関っている**からである。

ユダヤ人は古代から現代に至るまで、世界のあちらこちらで差別

や迫害をいくどとなく受けてきた民族である。自分たちがこれからも生き延びていくためには、民族の過去のサバイバルの歴史を知り、将来起こるであろう反ユダヤ主義に対抗していかなければならないと考えているのだ。

　ユダヤ人が民族の歴史を学ぶとき、まずは紀元前13世紀、辛苦を味わったエジプトでの奴隷時代からスタートする。この物語はヘブライ聖書の「出エジプト記」で語られている。
　当時、パレスチナに移住したイスラエルの民のうち、その一部がエジプトの地に住むようになった。ユダヤ人ヨセフ（Joseph）はエジプトの最高執行官にまで登りつめ、その結果としてヨセフらユダヤ人は要職に取り立てられて勢力を増していったが、これを脅威と感じた新しい王から差別と迫害を受けるようになる。王は彼らを奴隷とし、強制的にゲットーに閉じ込めたのだ。これがユダヤ人に対する歴史上で最初の差別と迫害、反ユダヤ主義の原型である。
　やがてモーゼが指導者として立ち上がり、ユダヤ人たちを連れてエジプトを脱出する「出エジプト」と呼ばれる事件へとつながっていく。
　ユダヤ人が学ぶもうひとつの苦難の歴史が、紀元前6世紀のバビロン捕囚である。出エジプトののち、パレスチナで王国をつくり繁栄するも、王国は南北に分裂し、どちらも周辺国に征服される。生き残った人はネブカドネザル王によりバビロニアの首都バビロンに連れ去られ、収容所に収監された。これが約50年間続いた「バビロン捕囚」である。

　3000年以上も昔の苦難の時代のことを、ユダヤ人はまるで昨日のことのように学んでいる。なぜなら、**差別や迫害につながる反ユダ**

ヤ主義は、決してなくならないことを知っているからだ。

　最近ではナチスによるユダヤ人迫害があった。1492年にはスペインでキリスト教勢力によるレコンキスタ（国土回復運動）が起き、イスラム教徒とともにユダヤ人も追放された。さらにさかのぼること1290年のイギリスでは、ユダヤ人への反感と差別意識からエドワード1世がユダヤ人を国外追放した。

　反ユダヤ主義は、シェイクスピアのベニスの商人のように描かれる鼻の大きい金の亡者というステレオタイプの偏見から、ナチスのユダヤ人狩りに至るまで、くり返し存在し、将来もくり返されるおそれがある。

　そうならないよう、**歴史の教訓を民族の未来のサバイバルに活かすために、ユダヤ人は歴史を学ぶ**のである。だからこそ、イスラム教徒を差別するトランプ発言に差別主義の芽を発見したユダヤ人は、それを黙って見逃さないのである。

▪ 歴史を「追体験」する

　数千年も昔のことを「まるで昨日のように学ぶ」というのは、簡単なことではない。過去の記憶は次第に風化し、教訓は忘れ去られてしまうのが常である。

　日本のことで考えてみても、約70年前の過ちと悲劇、そこから学ぶべき教訓がすでに風化しつつあるのは否めない。たった5年前に経験した東日本大震災でさえ、被災地では、いまなお仮設住宅での生活を余儀なくされている人がいる一方で、被災地から離れた地域では関心が薄れてきている。当時は自然災害や尊い命、自分たちの暮らしについてあれだけ考えたのに、いまではすっかり元の生活に戻っているという人も多いのではないか。

ユダヤ人が数千年前の歴史を昨日のことのように学べるのは、「過去の歴史を体験する」ことを重視しているからだ。

　「歴史を体験する」といっても、ユダヤ人以外には何のことかわからないに違いない。

　では、どうやって体験するのか。

　一例を紹介すると、出エジプトのエジプト脱出紀行を追体験するために、ユダヤには「ペサハ（Passover）」という宗教行事がある。エジプト脱出時にパン酵母を持ち出す余裕がなかったため、当時のユダヤ人はパン酵母を使わないペラペラの硬いクラッカーのようなパンを食べることを強いられた。それを体験するために、現代に生きるユダヤ人も、1週間続くペサハではペラペラでカチカチのパン（Matzah）を食べるのである。

　なぜそんなまずいものを食べるのかは、食事の時に祈祷書（Haggadah）を読み、子どもたちに言い聞かせて教えている。

　原体験の極めつきは、スコット（Sukkot）と呼ばれる荒野体験教室だ。毎年、秋雨の始まる頃、ユダヤ人は屋根のない生活を子どもたちに強いるのだ。もちろん、親も一緒に庭先で7日間を過ごす。

　エジプトを脱出したユダヤ人が、40年間も荒野をさまよい、雨風や日射をさえぎる屋根のない生活をしたことを忘れないためだ。

　たいていは冷たい秋雨に降られ、子どもも親も濡れ鼠となり、雨が食事にかかるのを手で防ぎながら食べ、夜空の星を見上げて身を寄せ合って寝る、という7日間になる。

　40年も続いた当時に比べれば、7日間ぐらい大したことはない、我慢しなさい──。とはいえ、ユダヤの子どもにとっては過酷な原体験である。

　こうして祖先の苦労を追体験することで、ユダヤ人は数千年前からの歴史を心と体に刻み込み、いまに至るまで色あせない記憶とし

て、もち続けているのである。

▎「命がけで反撃する」

　現実問題として、いまも反ユダヤ主義的な空気は漂っている。2015年1月、パリではユダヤ食品専門スーパーマーケットがテロの標的にされた。ネオナチがユダヤのシナゴーグを攻撃したり、それとわかる格好のユダヤ人が襲われたりする事件も後を絶たない。
　日本ではユダヤ人を狙った事件は起きていなくても、「ユダヤ人といえば、金儲けがうまい民族だ」といった偏見は少なからず存在する。ほんの少しの偏見でも、何かのきっかけで反ユダヤ主義に結びつかないとも限らない。

　ユダヤ人は、反ユダヤ主義に結びつきそうな動きがあれば徹底して抗議してきた。そのための専門機関もユダヤ人社会はもっている。ロサンゼルスに本部を置くサイモン・ウィーゼンタール・センター（SWC）もそのひとつで、反ユダヤ主義的な表現や言動に対して徹底的に抗議することで、ユダヤ人の人権を守る世界的組織である。
　SWCは、1995年にはホロコーストを否定する内容の記事を掲載した日本の雑誌に抗議と広告ボイコット運動を行い、雑誌を自主廃刊に追い込んだ。また、ナチス親衛隊に酷似した衣装でテレビ番組に出演した日本のポップスグループに対しても、猛烈に抗議したところ、このグループはすぐさま謝罪した。
　衣装くらいで大袈裟だとか、雑誌にも表現の自由がある、という意見もあるかもしれない。しかし、「反ユダヤ主義に表現の自由は一切適用されない」——これがホロコースト後のグローバルスタンダードだ。

放置すれば必ず反ユダヤ主義が広がり、ユダヤ人迫害につながる。したがって、ユダヤ人は早い段階からその芽をつぶすために、あらゆる抗議と適切な対抗措置を迅速に行うべきと考えるのである。
　ユダヤ人は、「反撃する姿勢」も歴史から学んでいる。
　古代バビロニアに拉致されていた時代のことである。バビロニアの執政官ハマンという男が、ユダヤ人全員の暗殺を計画した。この計画の存在を知ったユダヤの美しい女性エステルが、命がけでこの計画をバビロニア王の耳に入れ、危ないところで暗殺計画を阻止したのである。この歴史の教訓は、**「命がけで反撃しないと殺される」**ということだ。
　この教訓を子どもに伝え教えるために、毎年のプリム祭ではヘブライ聖書の「エステル記」を読み、そこで「ハマン」という男の名が登場すると、騒音を立てたり足踏みをしたり、一大ブーイングをするよう教えられるのである。
　しかも子どもたちは、ブーイングで大きな音を出すための道具まで渡される。ブーイングの大きさこそが、反撃の強さを象徴するというわけだ。ここでも歴史の追体験が、歴史の記憶を現代にリアルに甦らせていることがわかる。

▍未来への最善策を選びとるために

　本章の前半で見たように、戦後の米英中心のレジームは、日中戦争における日本人と中国人の犠牲を踏み台にした、太平洋戦争とヨーロッパ戦線での勝利のうえに構築されている。
　この歴史認識に立つ時、日本は、自衛隊が米軍と行動を共にする国家設計で本当に良いのか、という疑問がわいてこなければおかしいのではないか。それにもかかわらず、日本政府は2015年11月、リ

チャード・アーミテージ元米国国務副長官に旭日大綬章（Grand Cordon of the Order of the Rising Sun）を与えた。日米安全保障システムの実質的設計者に、外国人に与える最高の勲章を与えたのである。

一方、明治政府は、日露戦争を日本の勝利に導いたユダヤ人ジェイコブ・シフに同じ勲章を与えた。日本への貢献度では、彼のほうが一万倍上であろうと、私は考える。

歴史を知れば、いま自分たちが直面する問題にどう対処すべきか、物事に対してどうふるまうべきかが見えてくる。

ユダヤ人がエジプトで迫害された歴史を学ぶのと、日本人が太平洋戦争に突き進んでいった歴史を学ぶのは、同じくらいに重要なことだ。

歴史はくり返す。しかも、自分たちにとって都合の悪いものほど、くり返すだろう。

日本がふたたび道を踏み外しそうなときには、みずから警告を鳴らして踏みとどまらなければならない。**また、愚かな戦争を二度とくり返さないために「いま」がどうあるべきかをつねに考える。**

日本人にとって歴史を学ぶ最も重要な意味は、そこにあるのではないだろうか。

第2部
ユダヤ人は何をどう学ぶのか
～本質をつかむ学びガイド～

第5章

倫理／宗教を学ぶ
～マイノリティのためのグローバル戦略～

倫理教育がユダヤ社会にもたらしたもの

ユダヤ人は、過去2000年にわたって民族離散の憂き目に遭い、度重なる差別や迫害に苦しんできた。それでも滅びることなく民族としてのバトンを現代につないできたのは、ヘブライ聖書による倫理教育が大きな理由のひとつだと私は考える。

ユダヤ社会では、聖書のなかでも「トーラー（律法）」と呼ばれるモーゼ五書（創世記や出エジプト記など）や、紀元2世紀に書かれた倫理集（Ethics of Fathers）を家庭で何度も読み返している。

トーラーには、たとえば父母を敬う、人の物を盗まない、知らない人にやさしくする、などユダヤの掟、生活規律などが書かれている。それらを家庭でくり返し読み、暮らしのなかで実践することで、倫理を親から子へ、そのまた子へと伝承しているのである。

家族世代間の伝承だけではない。イスラエルや各国のユダヤ人コミュニティにおいては、古代から現代に至るまで聖書を使った倫理教育が続けられている。

ユダヤに倫理教育がなかったら、ユダヤ人はとっくの昔に滅びていた。定住地をもたないユダヤ人が民族としてのアイデンティティを保ってきたのは、コミュニティ全体で倫理を共有してきたことも大きな要因であろう。

倫理は、自分がどうすべきかを考える際の「物差し」となるものである。つまり、私たちがよりよく生きていくための指針となるものだ。

明確な価値基準の物差しをもっていれば、道に迷ったり、間違った道を選んだりすることも少なくなる。ヘブライ聖書の教えに忠実

に生きてきたユダヤ人が、幾多もの苦難や辛苦を乗り越えて生き延びてきた事実を目の当たりにすると、倫理教育によって育まれた民族の絆の強さ、ユダヤ社会の一体感を感じずにはいられないのである。

そこで、本章でとりあげるのは、「倫理／宗教」である。

倫理教育には宗教の果たす役割が大きいため、倫理と宗教を一緒にとりあげることにする。

生活の知恵としての倫理

まず触れておきたいのは、ユダヤ教における倫理は、日本でいう道徳とは根本的に異なるということだ。

ユダヤ教における倫理は、法律、規則、規律であり、（宗教的）罰則を伴うものである。しかも、それは生活上の知恵（Wisdom）でもある。

たとえば、「父母を敬う」のは、父母が偉いからではない。日本では戦前は修身といわれ、修身斉家治国平天下と国家目的のもとに修身があり、道徳があったが、ユダヤでは倫理はWisdomの実践形態のひとつなのである。

「年長者の言うことを聞け」というユダヤ倫理は、齢を重ねた年長者は当然失敗も重ねているから、「その失敗談を聞け」という意味だ。

父母を敬えというのも、ユダヤでは「父母こそが自分を無条件で守ってくれ助けてくれる人々」だから、父母を敬うことが、自分にとって幸せな人生につながるという実践的な生活の知恵（Wisdom）なのだ。

「人のものを盗むな」という十戒の教えも、盗んだ金品は身につ

かないどころか、欲に走るとかえって大きな失敗を招くことを戒めている（よくあるユダヤの格言に、盗んだものをたくさんロバに載せたためにロバが弱ってしまい、砂漠を横切れなくなりロバもろとも死んでしまう泥棒の話がある）。

日本でも「悪銭身につかず」ということわざがあるが、これは道徳というより、Wisdomであろう。ただしユダヤでは「悪銭身につかず」よりも、もっと悪い結果を教える。「悪銭身を滅ぼす」と教える。そこまで言わないとWisdomにならないからだ。

「他人の持ち物（他人の妻や他人の家や他人のロバ）をうらやむな」という十戒の教えも、うらやんだところでどうにもなるものではないという戒めだ。うらやむ気持ちが嫉妬につながり、嫉妬の気持ちがビジネスの判断を狂わせて失敗につながる、という生活の知恵（Wisdom）なのだ。

このように、**倫理に従うことが自分の利益になる**、と教えるのがユダヤ式である。

日本における倫理教育の失敗

ユダヤでは家庭やコミュニティが倫理教育を担っているが、日本ではどうだろうか。

家庭では倫理を教えていない。それでは学校が担っているのかといえば、高校における「倫理」科目の履修率は3割にも満たず、教育現場における倫理の位置づけは極めて低い状況である。

その理由としては、倫理を教えられる教員の不足、また、知識を万遍なく問う大学入試に対応するための、知識詰め込み型の授業や教科書などが挙げられる。

高校公民科「倫理」の教科書を見てみると、思想史を幅広く網羅する知識伝達型の内容になっており、完全に暗記科目である。これでは生徒が倫理に興味をもつことは難しいだろう。

　倫理教育がうまく行われていない日本では、いま、さまざまな社会問題が噴出している。子どもが生き物をおもしろ半分で傷つける事件や、ひどいケースでは「人を殺してみたかった」という非人道的極まりない動機による殺人事件も起きている。
　子どもの倫理観が正しく育まれていないだけではない。大手企業による組織ぐるみの不正や粉飾など企業倫理が問われる事件も増えており、大人の倫理観の欠如も問題なのである。
　東芝の粉飾事件やオリンパスの事件などは、ユダヤ人が年に1回は必ず読む倫理集（Ethics of Fathers）の第1章第14節を頭に叩き込んでおけば、おそらく防げた事件だ。
　第1章第14節は、西洋社会では倫理集（Ethics of Fathers）のなかで最も有名で、アメリカ大統領演説などでも度々引用される。

「自分が自分自身のために存在しないというなら、自分は一体誰のために存在するというのか？　しかし、自分が自分自身のためだけに存在するというなら、自分は一体全体何のために生まれて来たというのか？（物事を始めるにつき）いまでないとするなら、一体いつなのか？」

　これを心に留めていれば、不正や粉飾は「東芝やオリンパスに心地よいことでも、日本人全員にとり心地よくないことだ」とわかり

そうなものである。

　日本人の倫理観が欠如している現状に対して、国内にいる限りはあまり危機感を覚えないかもしれない。学校で倫理の授業を受けなかった人のほうが多いし、「人としてどうあるべきか」「どう生きるべきか」といった会話は、家庭や学校、職場でほとんど耳にしない。なんとなく場の空気を読み、まわりに合わせて波風立てずに生きていくのが賢い生き方だと考える人もいるだろう。

　しかし、**倫理が社会に伝承・共有されていない国は、世界的に見れば"変な国"である。**一神教のユダヤ、イスラム、キリスト教の世界は、すべて宗教上の倫理が社会に存在する。

　日本は世界有数の経済大国かもしれないが、倫理面での未熟さが露呈すれば、「先進国の一員といっても、経済だけの話じゃないか」と、聖書やコーランという倫理集を数千年勉強している世界の国々、つまりキリスト教圏、イスラム教圏、ユダヤ教圏の人々から軽く鼻先であしらわれてしまうのである。

■ 倫理のベースには宗教がある

　信仰をもつ人にとっては、宗教が倫理のベースになっており、宗教がその人の倫理観に与える影響は大きい。

　ユダヤ人にとって、倫理とはヘブライ聖書そのものといっても過言ではない。ユダヤ人が守るべき掟や規律──食事規律から服装、祈りの習慣、安息日の過ごし方まで──はすべてヘブライ聖書に書かれている。それらの戒律に従うことがユダヤ人の規律であり、ヘブライ聖書に書かれたことを守っていれば、ユダヤ的な生活を送ることができるとユダヤ人は考えている。

ただし、何度もくり返すように、盲目的に戒律に従う人はユダヤ人とはみなされない。神の定めた掟を自分なりに吟味し、戒律の意味を理解したうえで実践するのがユダヤ人である。

具体的な例を挙げよう。

日本では、他人が何らかの理由によって財産的な被害を受けようとしているとき、これを助ける、あるいは阻止する法律的義務はない。

たとえばこういうことである。人が物を落とした様子を見たときに、「あの、落としましたよ」と声をかける法律的義務はない。他人の家に泥棒が入ったのを見た通りがかりの人が、110番通報する法律的義務はない。他人の家の飼い犬が首ひもを嚙み切って逃げ出そうとするのを、押さえ込む法律的義務もない。そうするかどうかは、個人の気づかいの問題とされている。

しかし、ユダヤではこういうとき、他人の財産的被害を無関係の人が最小限に食い止める義務について、はっきりとヘブライ聖書に書かれている。ヘブライ聖書の時代のことなので、「他人の家畜が逃げ出そうとしているのを見たときは、これを取り押えて、柵の中に戻さなくてはならない」と規定している。

ユダヤのラバイたちは、この規定を家畜に限定せず、他人の財産的な被害全般に広げて考えるべきとしている。

こうしてみると、ヘブライ聖書が現代法でいう法律的な義務よりも、はるかに広い倫理規律を説いていることがわかるだろう。

ユダヤの家庭では、こうした倫理的規律を、聖書を使って母から子へ伝承しているのである。

▶日本人は宗教的マイノリティである

　宗教的倫理規律をもたない日本人には、日々の暮らしに宗教があるという感覚が理解しにくいかもしれない。毎晩眠りにつくまえに聖書を読むことや、毎週日曜日に教会に行くことも、シナゴーグで聖書勉強会に参加することも、それがどういうことか理解している人は少ないだろう。

　社会に宗教が根づいている象徴的なシーンを挙げるなら、2009年、第44代大統領バラク・オバマ氏の就任式でのことだ。オバマ氏が手を置いて宣誓したのは、ヘブライ聖書と新約聖書が合本されたHoly Bibleと呼ばれる聖書であった。

　また、2015年9月、ローマ法王フランシスコがはじめてアメリカを訪問したとき、ニューヨークのマディソン・スクエア・ガーデンで行われたミサには約2万人が押しかけ、セントラルパークには約8万人の群衆が法王をひと目見ようと集まった。

　こうした宗教的な出来事の意味合いは日本のメディアにあまり理解されておらず、日本ではほとんど報道されていない。

　学校で宗教について学ばない日本人には、それもやむを得ないのかもしれない。

　しかし、宗教に対して無知、無関心、無意識であるだけでなく、宗教上の対立や宗教上のテロのことばかりが報道され、「宗教があるからテロが起こる」と認識する日本人が多いのは、かなり危うい状況である。

　無宗教もしくは汎神教・多神教的な考えの自分たちが、世界では完全にマイノリティであるという自覚がないうえに、「無宗教、多神教であるからテロがなく、平和である」と思っている。

「多神教であるからテロがない」という思い込みで、一神教の世界に向き合うとしたら大変なことになる。テロ対策として「一神教から多神教になれ」という考えは世界にはないからである。

世界を見渡すと、キリスト教徒が最も多く約21億人、次いでイスラム教徒の約16億人が続く。ともにユダヤ教をルーツとする一神教であり、このふたつの宗教だけでも一神教人口が世界の半数を超えていることがわかる。
日本は、先進国では唯一、汎神教・多神教国家である。
キリスト教圏から見ると非常に孤立した存在であるばかりか、イスラム教圏から見ても異端な存在といえる。一神教の国々から見ると、「同胞ではない」と映っていることを日本人は認識しておく必要があるだろう。

世界におよそ1500万人しかいないユダヤ人も、世界におけるマイノリティという点では日本人に引けをとらない。
ただし、ユダヤ教は、一神教というグローバルスタンダードな宗教基盤を共有しているうえに、ユダヤ人はキリスト教やイスラム教のことをつねに勉強し、自分たちとの違いを議論している。
なぜなら、**すぐ隣に住むマジョリティのことをよく理解しておかなければ、マイノリティは世界で生き残れない**ことを身に染みてわかっているからである。

これから日本が一神教の世界にどう向き合っていくべきかは、重大な問題である。
相手が何を大切にしているのか、どのような倫理や道徳、価値基準で行動しているのかを知るには、相手の宗教を知ることがとても

大切である。

　さしあたりヘブライ聖書、新約聖書、コーランの3つは日本の小学校でまず教えるべき必須科目であろう。なぜなら、世界約40億人の人々の基本書であり、日本以外の世界では、小学校からそれらを勉強しているからだ。これらの書物は原語以外では英語で書かれているため、小学校で英語を教えることも重要である。
　次に問うのは、人間のコントロールが及ばない出来事に関する質問である。
　次の質問を手始めに、宗教とは何かを考えてみたい。

CASE STUDY
〜なぜあなたは生き残ったのか？〜

　あなたが友人と並んで歩道を歩いていると、歩道脇の工事中のビルから物が落ちてきて、右側を歩いていた友人を直撃した。友人は落下物の下敷きになり、命を落としてしまった。左側を歩いていたあなたは無事だった。
　なぜ、友人にだけ落下物が落ち、あなたは助かったのか。

根源的な問いに答えられるのは宗教だけである

　なぜ落下物は自分ではなく、友人の上に落ちたのか。

　もし、ふたりの歩く位置やスピードが少しでも違っていたら、立場は逆だったかもしれないし、両方が下敷きになっていたかもしれない。あるいは、間一髪で両方が助かっていたかもしれない。

　「もし、こうだったら？」と考えれば尽きないが、実際に起こった出来事、つまり「自分が助かって、友人が命を落とした」という事実については、なぜそうなったのかをいくら考えても答えが出ない。「友人は運が悪かったのだ」と考えて気持ちをなだめるしかないが、運の問題としてとらえると、それより先の思考は止まったままだ。

　先に結論をいおう。

　なぜ友人は命を落とし、自分だけが助かったのか。**この極限の問題に答えられるのは、宗教だけである。**

　仏教的に考えるなら、友人の過去の良くない行いに対して罰が当たったか、それとも友人の祖先が罪深い人だったのかもしれない、という結論に落ち着くかもしれない。

　一方、ユダヤ教では考え方が違ってくる。ユダヤ教のような一神教では、神があらゆるものの創造主であり、物事のすべてに神のご意志があると考える。

　つまり、友人が亡くなったことには何らかの理由があり、自分が助かったことにも何らかの理由があるはずだ。友人が死に、自分が助かったのは、神のどんなご意志なのか、と突き詰めて考えるのが宗教なのである。

　最も苛酷な状態に置かれたのは、第二次世界大戦中、アウシュビ

ッツ強制収容所に送り込まれたユダヤ人であろう。シナゴーグで毎日欠かさず祈りを捧げ、十戒の教えも忠実に守ってきたのに、神はなぜこのようなひどい仕打ちをするのか。みずからに降りかかった悲劇を恨めしく思いながら死んでいったか、どうか。

　ホロコーストをかろうじて生き残ったユダヤ人たちも、同じ思いだったか。それで「もうユダヤの神を信じられない」とユダヤ教を見限る信徒が続出しただろうか。

　ユダヤ人たちは、これほどの極限状態に置かれても、「なぜ？」と問いかけることを止めなかった。

　なぜ私がこのような目に遭わねばならないのか、このような苦しみを与える神のご意志は何なのか、とつねに問いかけ続けたのである。

　この問いに対しては、ユダヤ人一人ひとりが異なる答えをもっている。

　ある人は、「これは夜明けの前の闇夜だ」と考える。メサイヤ（救世主）が遣わされる前には、神はこれまで以上の苦しみを人々に与えるものだ。アウシュビッツでの惨劇は夜明け前の闇夜であり、いずれメサイヤが現れるはず、というわけだ。

　またある人は、「不幸の偏在性」について考える。助かったユダヤ人もいれば、助からなかったユダヤ人もいる。それは不幸の偏在性なのだと。

「しょせん神のご意志は人間にはわからない」と考える人もいる。絶対的な神のご意向を理解できないのが我々人間という存在なのだ、という考え方である。

　ユダヤ人の数だけ、無数の考え方がある。

　こうして簡単には答えのでないことを「なぜ？」と考え抜き、一

人ひとりが生きていくうえでのよりどころを見つけていくのが宗教である。

　ユダヤでは、めでたいことがあった人には、シナゴーグの会衆全員で"Mazel tov"と声をかける。"Mazel"とはヘブライ語の語源である動詞の"Mazel"「流れる」という意味である。
　何が「流れる」のか。それは、神の息吹きが流れ込んでくることをいう。
　ユダヤでは、「小切手は窓から風が運んではこない」という。その代わり、小切手を運んでくるのは、ハードワーク（一生懸命の仕事）である。
　しかし、誰でも一生懸命仕事をすれば小切手が飛んでくるかといえば、そうではない。小切手がいつでも飛んでくるためには、正直（Honest）でなくてはならないという教えがある。

　正直に一生懸命仕事をしているのに、いつまで経っても生活が苦しい人もいる。不幸の偏在性は常に起こる。不幸のときには、どうすればよいのか？
　ユダヤでは、不幸なときにも一日３回の祈りを欠かしてはいけない。不幸なときにも、貧しい人への施しを欠かしてはいけない。これを欠かすとMazelは流れてこない。
　そして何よりも、「くよくよしないこと」だ。
　すべては神のご意向なのだから。

CASE STUDY
〜産科医の決断〜

　あなたは産科の医師である。臨月の母親が危篤状態に陥った。母親の命を救えば、その処置のために胎内の子は死んでしまうだろう。一方で、いま帝王切開で胎内の子を助ければ、子どもの命は問題ないが、母親は確実に助からない。

　裁判所に判断を求める時間的余裕はない。さて、あなたは医師としてどうすべきと考えるか。

■ 宗教が示す倫理基準

　これは、アメリカのボーディングスクールの倫理の授業で実際に出された質問である。日本人が考える倫理の授業とはかなり趣が違い、簡単には答えの出ない重いテーマを生徒に考えさせる授業が中心となる。

　日本で同じような授業をする先生がいたとしたら、おそらく父兄から大バッシングを受けて、教育委員会から問題教師と糾弾されるのではないか。「こんなどぎつい極限的な問題を、年端もいかない子ども考えさせて何になる。虐待ではないか」と。

　倫理的な問題に関しては、宗教が独自の倫理基準を示していることが多い。授業では宗教が示す倫理基準を議論に取り入れながら、生徒にとって宗教を身近なものにしていくのである。

　さて、この授業では生徒が「子どもを助ける派」「母親を助ける派」に分かれ、議論が始まった。

　キリスト教徒の国・アメリカでは、プロテスタントが主流である。プロテスタントには、「胎児は受胎の瞬間からひとりの人間とみなされるため、堕胎は許されない」と考える人が多い。

　この考え方に従えば、臨月の母親の胎内にいる子どもの命を助けないわけにはいかない。かといって、母親の命も見捨てていいはずがない。プロテスタントではこの場合、判断が割れるところである。

　プロテスタントのなかでも、ある一派は、「母親の意思が優先される」と主張する。母親が自分の命よりも子どもの命を助けてほしいと医師に頼めば、それに従うべきだというわけだ。

　そこで問題となるのは、母親が意識不明のときの対応である。あ

る一派は、「胎児の父親である夫が決めてよい」という。

では、夫が「自分には決められない」と拒否したらどうなるのか。判断は産科の医師に委ねられるのだろうか——。裁判所に決めてもらう時間的余裕はない。

あなたが医師だったらどうするかと問われた生徒たちは、「これからの寿命が長い子どもを助けるべき」という意見と、「次の子どもが産める母親を助けるべき」という意見で対立した。そして、それぞれの生徒がその理由を述べた。

カトリック教会も、胎児は受胎の瞬間からひとりの人間とみなすが、この授業のケースでは「洗礼を受けていない子どもを助けるべきだ」という結論になると予想される。

洗礼は神からの救済である。洗礼を受けている母親は、すでに神から一度救われている。一方、まだ洗礼を受けていない胎児は、このまま命が助からなければ、一度も神に救われることなくこの世を去ることになる。

であれば、胎児を助けることで、人の命としての母親は死ぬが、宗教的にはふたりとも洗礼により救われたことにならないか、と彼らは考える。

このように、**究極の選択を迫られる倫理的な問題に対して、宗教が一定の解決策を示しているのである**。

では、ユダヤ教ではどうだろうか。

胎児に関するユダヤの有力説は、「妊娠40日までは胎児に手足が見られないため母体の一部である」という考え方である。したがって、妊娠40日までは堕胎は許されるが、それを過ぎればひとりの人間とみなされるため、堕胎は許されない。

このケースでは、母親は臨月であり、胎児はすでにひとりの人間とみなされる。母親の命を助けるのか、胎児の命を助けるのか——。
　この場合、ユダヤ教では分類により答えを出そうとするだろう。

①母親がどちらを望んだか？
②母親が意識を失っている時は夫が決めるのか？
③母親のすでに生まれている子どもが意見を言えるのか。たとえばお母さんが死んでも弟または妹が欲しいと子どもが言った時は？
④母親は子どもを助けて欲しいと言い、すでに生まれている兄または姉は「お母さんを助けて」と言った時は？
⑤母親の両親が意見を言えるのか？
⑥母親にすでに子どもが居るときと居ないときで、判断は異なるのか？
⑦夫婦の年齢は判断に影響を与えるのか？
⑧子どもが未熟児で生きのびる可能性が正常児より低い時は？
⑨子どもの性別が男児か女児かは判断に影響するか？
⑩未完成の新しい医療技術を使えば両方助けられるかも知れないが、両方助けられない可能性もある時は、どうすべきか。
⑪コインを投げて裏表で決めることは許されるのか？

倫理が科学を発展させる

　科学や医療が進歩するにつれ、命の選別や命の操作につながりかねない問題も生まれている。昔は想定もしなかった事態に対し、社会のルールが追い付いていない側面もある。
　こうしたときも、根源的な問題には宗教が指針を示す役割を果た

している。

たとえば、受精卵を操作してつくるES細胞。

本来なら人間に成長するはずの命の芽を摘みとっている、という理由で倫理的な問題が指摘されている。

しかし、ユダヤ教は、ES細胞を容認している。その根拠は、「妊娠40日までの受精卵は人間ではない」という先ほどの定義である。受精卵は人ではないから、母体からとり出してES細胞をつくることは問題ないという立場である。

また、同じ理由で、妊娠10週目以降に行う遺伝子検査には反対している。たとえ遺伝子検査で胎児のダウン症や先天異常が診断されたとしても、ユダヤでは人工妊娠中絶が許されないからだ。これはキリスト教でも同じである。したがって、ユダヤではダウン症の子どもをもつ家庭が多い。

もし、自分の子どもがダウン症や重い疾患がある状態で生まれてくるとわかったらどうするのか。

産むのか産まないのか、どちらを選択するにせよ重く厳しい決断になるが、宗教をもつ人は、宗教が示す倫理基準をよりどころにして判断を下すことになる。

ユダヤ人なら、おそらくこう考えるだろう。この子を産み育てることに神の意志が働いているのだ、と。

神の意志により与えられた試練なら、人間はそれを乗り越えなければならない。そう考えたユダヤ人は、試練を乗り越えるための科学技術を発展させてきた。

ユダヤでは、妊娠40日以降の堕胎が認められない代わりに、子どもを健康に産み育てるための小児科医療が格段の進歩を遂げてきた。

その背景にもこうした考え方があったのだ。

ヘブライ聖書に描かれる「ノアの方舟」は、神が人間に与えた試練を、人間が技術で生き延びた最初の物語である。神の怒りが地上に大洪水をもたらしたとき、啓示を受けたノア一家は、神がつくられた設計図をもとに巨大木造船を建設した。

　設計図がいまも残っているわけではないが、そのときノア一家が経験したように、苦難を技術で乗り越えるという信念が、ユダヤの科学技術発展の基礎になっている。

　いまの地球温暖化問題への対応は、「現代版ノアの方舟」にたとえられるだろう。地球温暖化が神のご意向だとすれば、温暖化自体を食い止める技術開発ではなく、温暖化による各種現象を乗り越えるための技術開発、たとえば温暖化による洪水や乾燥による干ばつ、渇水を乗り越える技術開発が自分たちの務めだとユダヤ人は考える。

　一方、ユダヤ以外の文化圏では、また違う発想になるだろう。

　キリスト教の国々では、おそらく温暖化自体を防止する技術開発へ向かうのではないか。

　では、日本はどのようなアプローチになるのだろうか。日本人として、日本人の思想になぞらえ考えてみてほしい。

　参考までに、よく語られるジョークを紹介しよう。

　あるとき、ユダヤ人と日本人とイタリア人が島に流れ着いた。絶海の孤島で、船は100年に一度も近くすら通らない。

　イタリア人は、それならと島にある物産でおいしいイタリア料理をつくれないかと島中を探しまわった。

　日本人は、なんとか東京の本社にE-mailを送れないかとスマホの電池残量を必死で回復させようとした。

　ユダヤ人は、島にある木材で脱出できる造船技術を考案しようと

した。

倫理とは、実行するものである

　ユダヤの家庭では、3歳頃から宗教教育が始まる。母親が子どもに倫理の絵本を読み聞かせたり、日常生活において守るべき規律やユダヤ人らしい行いをその都度教えていくのである。
　倫理の絵本のストーリーをひとつ紹介しよう。『The Bird and the Hen（ツバメとニワトリ）』というタイトルの物語だ。

　ある朝、ニワトリが朝食を食べていると、腹を空かせたツバメが「あなたの穀物を少し分けてほしい」とやって来た。するとニワトリは、「これは私が苦労して集めた食べ物よ。あなたもお腹が空いているなら、自分の食べ物は自分で探すことね！」と追い返してしまった。
　ところが、ツバメが飛び去るのを見て、ニワトリは急に後悔の念に苛まされる。食べ物を独り占めしたことを謝り、食べ物を分かち合うために、ツバメを追いかけ始めたニワトリ。はたと自分が飛べないことに気づいたニワトリは自転車、車、電車、飛行機を乗りついで、長距離移動の大冒険の果てにようやくツバメと再会する。これからは食べ物をツバメと分かち合うことを約束した。

　この物語が教えているのは、社会貢献や相互扶助の精神である。ユダヤには「貧しい者に手を差し伸べよ」という教えがあり、ヘブライ聖書のいたるところに書かれている。

ユダヤには「ツェダカ（Tzedakah）」と呼ばれる寄付の習慣がある。自分の収入の10分の1を社会に寄付しなければならないという掟による行為だ。寄付の仕方にはいろいろあり、ホームレスに現金を渡すツェダカもあれば、金銭での施しが難しい場合は、ボランティア活動など労働で施すツェダカもある。

　スウェーデンに住む私の友人の場合、スウェーデンきってのプロの音楽家でありながら、ストックホルムの地下道で得意な楽器を弾き、通行人が置いていくコインをすべてユダヤの老人ホームに寄付している。これもツェダカである。

　ユダヤ人は幼い頃から、ホームレスとすれ違うたびにコインを渡してくるよう母親に背中を押される。ツェダカの習慣を身につけさせるための母親の教育である。

　また、病人がいると知れば、直接の知り合いでなくても見舞いに行くようにいわれる。これもヘブライ聖書に書かれた掟だ。

　こうした掟を実行することが、ユダヤ人の実践倫理なのである。

　ユダヤでは**「実践しない倫理は倫理ではない」**と教えられる。

　日本でも、親切や助け合いの心は道徳的で美しいと学校で教わるが、具体的に日常生活における親切行為の実践を徹底したりすることはほとんどない。そこがユダヤの実践的倫理との大きな違いだろう。

　ユダヤ人の考える倫理とは、実行するものである。議論したり考えたりするものではない。

　それをどれだけ実践できるかに、個人や民族、社会の倫理の浸透度が表れるのではないか。

▶ 正義を実践する

　大事なことを付け加えると、ツェダカはチャリティではない。

　なぜ、ユダヤ人はツェダカを生活の一部としているのか。

　当然である。ヘブライ聖書に書かれている「義務」だからだ。

　ヘブライ聖書でツェダカ（Tzedakah）の語源は、Tzedekという「正義、Fairness」を意味する。したがって**ユダヤ人がツェダカを実行しないことは、アンフェアであり、不正義であるとされる。**

　ここが日本人のいうチャリティとはまったく違うのだ。

　チャリティは、日本でもチャリティー・コンサートがよく開かれるように、それをしなくても不正義とかアンフェアであると看破されることはない。あくまでもボランティアなのだ。

　これに対しユダヤのツェダカ（イスラムのZakat）は、「しなければならない義務」であり、「しないことは違法」なのである。

　したがってどんなに自分が貧しくても収入の10%をツェダカに供さなくてはならないのだ。

　日本では多神教社会のためか、かかる厳格な宗教的義務が存在しない。

　たとえば、新興宗教で寄付を強制すると「あそこは変な神を信仰している」と噂が立ち、信者が別の神様（別の教団）に流れる。

　これが多神教社会の融通無碍なところだが、逆に「正義」や「公正」の概念がゆらいでくる問題が多神教社会ではある。

CASE STUDY
〜ミレー「落穂拾い」にみる倫理〜

　ミレーの代表作「落穂拾い」は、ユダヤのツェダカがモチーフになっている。刈り入れが終わったあとの畑で、3人の女性たちが落ち穂を拾っている。

　この絵が伝える倫理とは何だろうか。

ミレー、「落穂拾い」、1857年、オルセー美術館
提供：アフロ

西洋絵画から読み解くツェダカの思想

　西洋絵画には、聖書の教えをモチーフに描かれたものが多い。ミレーの「落穂拾い」もそのひとつである。
　宗教絵画は、宗教に馴染のない日本人には取っ付きにくい印象を与えるかもしれない。しかし、「なぜ？」と疑問をもちながら批判的に見ていくと、宗教を学ぶにはもってこいの原典となる。
　さて、この絵を見てどんな問いが浮かぶだろうか。

女性たちはなぜ、落ち穂を拾っているのだろう。
そもそも落ち穂がたくさん残っているのはなぜなのか。
なぜ、農場主は落ち穂をすべて回収しなかったのだろう。

　こうした疑問が出てくれば、かなり答えに近づいたといえる。
　この絵が教えているのは、「落ち穂をすべて回収しないことが農場主の倫理」ということだ。
　ユダヤでは、落ち穂が一粒も残らないよう刈り尽くすのは倫理に反していると教えられている。ブドウを摘むときには、何粒かは房に残しておかなければならない。なぜなら、落ち穂や摘み残しのブドウは、その地域に住む貧しい人たちのためのものだからだ。そうヘブライ聖書に書いてある。
　古代ユダヤでは、貧しい女性や夫に先立たれた女性、つまり自らの労働だけでは十分な収穫を得られない寡婦や貧農が、落ち穂を拾って食いつなぐことが権利として認められていた。「落穂拾い」は、貧しい者たちのために落ち穂を残しておく農場主のツェダカを描いたものなのである。

▸「数えられるものに神の祝福はない」

ツェダカはユダヤ人の義務だが、そもそもなぜ、ユダヤ人はツェダカを行うのだろうか。

タルムードではこのように書かれている。

"Blessing can not be found in something that has been weigh nor something that has been measured nor something has been counted."

(神の祝福は量りにかけられるもの、巻尺で計れるもの、数を数えられるものには宿らない)

大切なのは、いくら儲けたとか、どれだけの量を獲ったとか、シェアがどれくらいだとか、預金通帳にどれだけの金が残っているとか、数量化できるものではない。それよりも、友情や愛情、慈悲など数えられないものに価値がある。こうした考えから、ユダヤでは、穀物蔵の中の穀物を量ったり、預金通帳の残高を数えたりすると神の祝福を得られないと教えられる。

数えられない状況に自分を置くために、ユダヤ人が励むのがツェダカだというわけだ。

つねに身を削るように寄付を行っていれば、通帳残高や儲けを気にする余裕もなく、必死に働き、学ぶしかない。仕事や勉強に励んでいるうちは、神も祝福してくださるというわけだ。

注意しなければならないのは、現状に満足して余裕が出てきたと

きだ。儲けや通帳の残高など数えられるものに意識が向いたとき、もっと儲けようとしてツェダカを忘れ、そうすると災いが降りかかるといわれている。

そうならないためにも、ユダヤ人はツェダカを一番重要な義務ととらえ、励むのである。

物乞いがいない社会は本当に倫理ある社会か？

アメリカやイギリス、また私が住むスウェーデンでも、道を歩けばそこかしこに物乞いがいて、"Help me"や"I am homeless"などと書かれた段ボールをもって施しを求めている。

それに比べて、日本は物乞いがいない国である。ホームレスはいるものの、物乞いはほとんど見かけない。

この「物乞いのいない社会」について、読者はどう考えるだろうか。

物乞いのいない社会は、ある意味で、倫理が欠如した社会だと私は思う。

逆説的な表現だが、**施す人がいるから施しを求める人がいる。施す人がいる社会は、社会還元や相互扶助という点で倫理がある。**したがって、ホームレスが物乞いする社会は倫理のある社会だ、ということができる。その逆もまた然りである。

スウェーデンの若者は、街で物乞いを見かけると、立ち止まって財布を開く。先を急ぐ時でも、会話しながらお金を渡している。

イスラム社会では、街中のモスクがその役割を果たしている。モスクに行けば少なくとも行き倒れることはない、という安心感がある。

果たしていまの日本には、そのような場所はあるだろうか。

　セーフティネットとしての生活保護制度はあるが、自らの意志でホームレスに手を差し伸べようという人は少ないだろう。

　救世軍が東京で炊き出しを行っているが、彼らはキリスト教の団体であり、分け与えの思想が根底にある。たとえば救世軍に交じって、普通のサラリーマンが金曜の夜に炊き出しを手伝っているなら、それは倫理だ。そういう人がたくさんいる社会こそが、モラルのある社会ではないか。

厳格な食事規定が規律をもたらす

　ユダヤ人にとって倫理とは、ヘブライ聖書に書かれている義務そのものだと述べた。掟や規律は、聖書にどのように書かれているのだろうか。また、ユダヤ人がその内容をどのように読み、理解し、現代の生活で実践しているのだろうか。

　ユダヤの厳格な食事規定「コーシャー」を例にとって見てよう。

　コーシャーが生まれた背景を探ってみると、「エデンの園」の時代までは、人間が食べてよいのは草木と木の実とフルーツだけだったと聖書に書かれている。つまり、完全な菜食主義だったのだ。

　肉食が禁じられていたのは、動物は人間よりも優先される存在だからである。神が天地を創造したとき、天地の次に動物たちがつくられ、人間はその後でつくられた。この順番に神の考える動物と人間の優先順位が表れている。新参者が古参の動物を食べることなどあってはならない、というわけだ。

　ところが、「ノアの洪水」が起きたのち、神はかなり厳しい条件付きで、人間が動物を食べることを認めていくことになる。

というのも、この大洪水によって、方舟に乗って生き延びたノアの家族と動物のほかは、すべての生物が抹殺されてしまった。ノア一家に子どもを産ませ、その子孫を繁栄させるために、神は仕方なく動物を食べ物とすることを許可したのだ。しかも、かなり厳しい条件つきで──それがユダヤの食事規定の始まりである。

　神は、肉食の条件について、次のようにおっしゃった。

　Every living and moving thing will be food for you; I give them all to you as before I gave you all green things. But flesh with the life-blood in it you may not take for food.（Genesis 9:3-4）

（すべて生きて動くものはあなたがたの食物となるであろう。先に青草をあなたがたに与えたように、私はこれらのものもみなあなたがたに与える。しかし肉を、その命である血のままで食べてはならない。創世記9章3-4節）

　神がおっしゃる「肉を血の（混じった）ままで食べてはいけない」とは、かなり無理な要求である。

　なお、シェイクスピアの戯曲『ヴェニスの商人』は、この規定を皮肉ったものだ。ユダヤ人の金貸しが、金を貸すのに相手の胸の肉1ポンドを担保にとった。相手が返済できなかったため、担保である胸の肉を切り取るという判決を裁判官に求めたところ、裁判官が「『血を食べてはいけない』というのがお前たちの掟だろう。だから血を流さず肉を切り取れ」といってユダヤ人にやり返したという話だ。

　コーシャーに話を戻すと、なぜ神は「血を食べてはいけない」と

おっしゃるのか。神がお決めになったことには、必ず根拠があるはずである。その根拠は聖書のどこに書かれているのか。また、どのように書かれているのか。

理由を探るため聖書の隅々まで丁寧に読んでいくと、"For the blood is the life of all flesh"——血は生き物の命だからである——という記述を見つけることができる。

次にユダヤ人が直面したのは、「血を食べず」に肉を食するにはどう調理すればいいのか、という問題だった。

モーゼ五書の一冊、「申命記」の第12章第21節に、神の言葉として「私の決めた方法でのみ屠殺(とさつ)しなければならない」と規定されている。しかし、モーゼ五書をくまなく探しても、その「方法」は書かれていない。

やがてユダヤ人は、血を食べないで済むある調理法を考え出した。動物の血を完全に抜くことができる屠殺方法である。

この屠殺は、Shochetというユダヤ職人のみが行える。頭を下にして、極めて鋭利なナイフで、気道と食道と頸動脈(けい)を一気に切り落とす。牛が痛みを感じないくらい一瞬で切り落とすことが、この場合はとても重要である。少しでも剣先がぶれたり刀身がゆがんだりすると、規定違反となり、食用には供されない。

一気に放血した後、肺の検査で異常がなければ、食用として解体できる。肉片にした後、さらに血を抜くために水に浸け、引き上げて塩をふりかけ、しばらくおいてまた水に浸ける、ということを何度もくり返すのだ。

この屠殺方法は、すべて口伝律法であるミシュナに書かれている。タルムードではChullinという箇所に書かれている。これら屠殺方法をShechitaという。

こうして厳密な処理が施された肉だけが、ユダヤの食事規定を満たした「コーシャービーフ」としてユダヤ人が口にすることができる。コーシャービーフは容易に入手できないため、ユダヤ人は必然的に菜食主義になるというわけだ。

自律心がよい人生をつくる

コーシャー規定に従った屠殺方法であれば、どのような動物も食べていいというわけではない。

聖書には、人間が食べていい動物と、食べてはいけない動物の決まりが事細かに書かれている。

You may have as food any beast which has a division in the horn of its foot, and whose food comes back into its mouth to be crushed again.（Leviticus11：3）

(獣のうち、すべてひづめの分かれたもの、すなわち、ひづめのまったく切れたもの、反芻するものは、これを食べることができる。レビ記11章3節)

ひづめが割れていて、反芻する胃をもつ動物といえば、牛とヤギ、鹿の3種類である。

ただし、ユダヤ人は鹿を食べない。なぜなら、完全に血を抜くには、家畜を先ほどの屠殺方法で殺す必要があり、鹿は家畜化が難しいからである。家畜動物でなければならない理由は、野生動物の場合は、まずは捕獲のため弓矢やナイフなどで殺さなければならず、そうなると完全な血抜きができないからだ。

他にも、「死んだ動物は一切食べてはいけない」、「魚のうち、ヒ

レとウロコがあり、ウロコの形状が丸く、ウロコを剥がすときに魚の皮膚を傷つけない魚は食べてもよい」(したがってユダヤ人は、イカ、タコ、貝、シャコ、カニ、ナマコ、ウナギは厳禁となる)、「羽があって四つの足で歩くすべての這うもののうち、その足のうえに跳ね足があり、それで地の上をはねるものは食べることができる」、「母牛の乳で子牛の肉を煮てはならない」(乳製品と肉の同時食の禁止)、「脂肪を食べてはならない」──など数多くの決まりが書かれている。

規定が多岐にわたる厳格なコーシャーを守るのは難しいと感じるかもしれないが、ユダヤ人にとって容易いことである。それは次の4つを守ればいいからだ。

第一に、外食をしない。
第二に、肉はコーシャーの肉屋のみで買う。
第三に、牛乳は飲まない。チーズ、バターは使わない。
第四に、魚、貝類、カニ、イカ、タコなどは食べない(魚類はサーモン、サーディンが許される魚だが、魚屋でそれ以外の魚も扱っているので魚全般を避ける方が賢明とされる)。

これだけを守ればコーシャーに合致しているのだ。

なぜこれほどまでに厳格な掟があるのか、ユダヤ人は考え続けてきた。12世紀の偉大なヘブライ学者、マイモニデスはこういう。

"Master our appetite, restrain our desire."──食欲を自分のしもべにし、欲望を抑える──つまり、**人間がこの世に存在する理由は、**

食欲を満たすためではないということだ。

　おいしい食事ばかり求めていると、時間もお金もそれにつぎ込むことになる。
　ユダヤ人としてもっと大切なこと、つまりトーラーの学習に集中するためには、食事は質素でなければならないというわけだ。
　この考え方はとても理屈に合っている、とユダヤ人は考えた。こうして掟の意義を考え、納得したうえで、生活に取り入れている。**誰かに強制されるものではなく、よきユダヤ人になるためにみずからの意志で実践するのである。**
　ルールがもたらす自律心が、よい人生をつくると考えているのだ。

CASE STUDY〜ユダヤ人とお金〜

　聖書に登場するふたつのエピソードがある。

　ユダヤ人の祖先であるアブラハムは、神から呼ばれてこう言われた。「あなたは国を出て、親族と別れ、父の家を離れて、わたしが示す土地に行きなさい。そうすればあなたの子孫に繁栄を約束させよう」。

　アブラハムは神の言葉どおり、親を捨て、地位も捨て、身ひとつでエジプトへ向かった。アブラハム一族はエジプトで栄え、一財産を得ることになる。

　やや時代は下ってモーゼの時代。出エジプトの際、モーゼは同胞たちに、身のまわりのものはすべて置いて逃げようと言ったが、ユダヤ人たちは金のブレスレットや指輪などを持ってきた。

　カナンの地に向かう途中、シナイ山でモーゼが神から十戒を授かるとき、40日間も山から下りてこないモーゼを待ち切れなかった人々は、自分たちが持ってきた金銀財宝をかき集め、金の牛の彫像をつくり、それを神と見立てて崇め奉った。

　そのことに怒った神は、牛の像をつくった人々を焼き殺し、金の牛の像もすべて土の割れ目に落ちていった。これが「*Golden Calf*」と呼ばれる出来事である。

　このふたつの出来事は、ユダヤ人のお金に対する考え方の基礎になっている。ユダヤ人はこれらの物語をどのように読み解き、お金に関するどのような学びを得たのだろうか。

「まず捨てよ」から生まれるベンチャースピリット

　アブラハムは、神の命令に従うため、身のまわりのものや財産をすべて捨てて故郷を離れた。神は約束どおり、アブラハムとその子孫（ユダヤ民族）に繁栄を与えた。

　一方、エジプト脱出のユダヤ人たちは、モーゼの忠告にもかかわらず自分の財産を持ち出して逃げた。このことを神は快く思っておらず、Golden Calf事件（210ページ参照）で人々の財産をすべて失わせたのである。

　これらの物語からユダヤ人が学ぶのは、**「まず捨てよ。すべて捨てよ。すべてを捨てなければ神の庇護はない」**という教えである。

　現代のユダヤ人たちは、「まず捨てよ」の教えをどのように実践しているのだろうか。

　イスラエルを代表する同国最古の国立技術大学、テクニオン・イスラエル工科大学は、世界の科学技術の革新に影響を与えるすぐれた人材を多数輩出していることでも有名である。同大の卒業生には世界の一流企業から熱い視線が送られており、彼らは望めばどこにでも就職できる。

　しかし、そうはしない。

　同大の卒業生の7割は起業し、これまでに米国NASDAQに70社以上が上場を達成している。

　彼らが就職を選ばないのは、「まず捨てること」に価値を置いているからである。世界有数の企業に就職できる才能や能力、大学ブランドは、一種の財産である。それらを捨てることが、すなわち起業という選択である。

テクニオン・イスラエル工科大学の卒業生の起業回数は平均で3回。最も多い人は、26回も起業している。自分のアイデアを世に問い、会社を売却して（＝捨てて）お金に変える。その資金を新しい事業の投資へ回し、次の事業を始めるのである。

　捨てることは、生み出すことにつながる。コップ一杯に注がれた水は、捨てなければ新たに水を注ぎ足せないように、**まずは捨てなければ、生み出すことができない**という考え方だ。

　ここで考えてみてほしい。
　人はイスラエルのテクニオン大学生のように、すべてを捨てないと起業しないのか。それとも、日本の学生のように就職して身分が保障されないとイノベーションを生み出せないのだろうか？

利益は社会のために使う

　ユダヤ人である私の友人は、ゼロから立ち上げた会社を、約500億円で売却した。そのお金をどうしたかというと、糖尿病の新しい治療方法を開発するためにテクニオン・イスラエル工科大学に寄付したのである。
　医療の世界ではいま、がんに次いで、糖尿病が大きな問題となっている。豊満過食の時代にあって、糖尿病になるリスクは誰にでもある。糖尿病はまさに全人類の問題なのである。
　なお、糖尿病には、Ⅰ型とⅡ型の2種類がある。インスリンがまったく分泌されなくなるのがⅠ型で、これについてはインスリン注射が不可欠である。一方のⅡ型は、インスリンの効きや分泌のタイミングが悪くなるというもので、これに対する治療薬は世界の大手製薬会社が独占状態である。ここで新たな治療薬が開発されれば、

無限のマーケットが開拓できるばかりか、患者の病気克服を助けることにもつながる。

どうせお金を使うなら、社会へ還元することをユダヤ人は考える。

キリスト教社会にも寄付や社会貢献の意識は根づいていて、たとえばマイクロソフト創業者のビル・ゲイツが設立したビル＆メリンダ・ゲイツ財団は、世界の病気撲滅を目指した慈善団体として有名である。かたや日本では、人々の病気を克服するために巨額の私財を投じたという話を聞いたことがない。

こう述べると、「日本とアメリカは税制が違う」という反論が必ずある。アメリカで寄付すると税金の控除を受けられるから、アメリカ人は皆、寄付をするという主張だ。

税制の違いはあるにせよ、それだけではアメリカ人の寄付の習慣を説明できないと私は思う。では、日本に寄付に対する優遇税制が存在したら皆が寄付をするのか、という問いには答えがない。

寄付する行為が文化として定着している国では、やはり宗教の裏打ちがあるのではないか。宗教が教える倫理が人々の行動のベースにあると考えられるのである。

ここであらためて考えたいのは、倫理とはいったい何かということだ。

倫理は何のためにあるのだろうか。

私たちはなぜ倫理を大事にしようとするのだろうか。

CASE STUDY
～「アダムの創造」にみる倫理の意味～

　ミケランジェロの代表作「アダムの創造」は、ヘブライ聖書の「創世記」の一場面をモチーフに、神が最初の人類であるアダムをつくったときの様子を描いている。

　この絵から読み取れる「倫理とは何か」を考えよ。

ミケランジェロ、「シツティーナ礼拝堂天井画（アダムの創造）」、1511年頃
提供：アフロ

なぜ、神は自分に似せて人間をつくったのか

　読者に問いたいのは、「どちらがアダムで、どちらが神か」である。まず普通に考えれば、左がアダムで、右が神だろう。

　この絵を読み解くにあたり、モチーフとなった聖書の場面について補足する。神がアダムをおつくりになったとき、「神に似せてつくられた」と聖書には書かれている。つまり、神は自分に似せて人間をつくられたということだ。

　もうひとつ、ユダヤ教を理解するために押さえておくべきポイントがある。ユダヤの神は本来、いかなる形ももたない存在であることだ。

　ユダヤ教は偶像崇拝を禁じている。神の像をつくったり描いたりすれば、人々は目に見えないはずの創造主よりも、人間が生み出した信仰の対象物を神として認識するようになるからだ。

　以上を踏まえてもう一度「アダムの創造」を見てみると、たちまちこんな疑問が湧いてくるだろう。

なぜ、神が人間の姿で描かれているのか。
なぜ、神は親しげにアダムに指を差し出しておられるのか。

　これについてユダヤ人はこう考える。

　誕生したばかりのアダムは、自分の姿を見ることができない。そこで生みの親である神が、お姿をもって現れた。人差し指を差し出して、「お前はこういう形なんだよ、見てごらん」。普段は絶対に姿を見せない神が、人類第一号であるアダムの前にだけ姿をお見せになった。

　その一瞬を描いたのがこの絵画である。

では、なぜ神は自分に似せて人間をつくられたのだろうか。自分に似せてつくられた人間に、神は何を期待しているのだろうか。これを考えることが、ユダヤ人にとっての倫理を理解するカギになる。
　これについてはタルムードでも議論されていて、「神が自分に似せて人間をつくったのは、人間に神の意志を体現するよう託されたからである」という説が有力である。

　以上を踏まえると、「アダムの創造」からは次のようなことが読み取れる。
　神に似せてつくられた人間は、神の定める倫理をこの世に実現しなければならない存在である。神の人差し指からは、神の倫理が電磁波となって人々に落とされた。つまりこの絵で描かれているのは、倫理の伝達式のようなものである。
　つまり、ユダヤ人にとって倫理とは、神の意志を体現することである。
　あらゆる場面で「神は何をお望みか」ということを考えることがユダヤの倫理教育である。

　人間としての最低限の倫理――たとえば父母を敬う、人を殺すな、人のものを盗むな、人のものを羨むな、隣人に対してやさしくしろ――これらは神が定めた倫理である。
　神が定めた倫理は、人間が変えることの許されない絶対倫理でもある。

宗教をもたない日本人が倫理観を構築するには？

　聖書に裏づけされた倫理について見てきたが、宗教をもたない日

本人にとって、倫理とはどのようなものだろうか。

　倫理は誰が決めるのか。ユダヤ教のように「倫理は神が決めるもの」でないなら、人が決めるのか。もし人が定めるのなら、国会が定めるのか、それとも政府が定めるのか。ISISのような独裁国家が「人はいくらでも殺していい」という倫理を決めたら、それが倫理なのか。

　宗教をもたない日本人が独自の倫理を構築するうえで、神道を学ぶことがひとつ考えられることだろう。
　神道における神とはどういう概念なのか。どのような倫理をもっているのか。神道の祭りにはどのような手順や決まりがあり、それらはどのような意味があるのか。
　ユダヤ教が倫理を説くように、神道にも倫理があるはずだ。それらを学び、生活に取り入れることで、倫理の実践につながるだろう。

　もうひとつ提案したいのは、ユダヤ人が宗教生活で実践する思考を日本人も実践することである。すなわち、「なぜ」と考えることである。
　「なぜ」という根源的な問いかけによって、物事の本質を見る目を養い、倫理的な物差しをもてるようになるはずだ。
　たとえば次の問いにあるような状況に陥ったとき、あなたならどう行動するだろうか。

CASE STUDY
~内部告発するか否か~

　あなたは赴任先の東南アジアの工場で、工場から流れ出る廃液によって下流地域の人たちに健康被害が起きていることを発見した。工場長にすぐに操業停止を求めたが、工場長は首を横に振り、反対にこう言ってあなたを説得しようとした。

　「そういう重大な問題は本社が決める問題であり、末端の工場がどうこうすることではない。そもそも工場は相当前につくられていて、自分たちの責任ではないのに、廃液が流出していることを報告して逮捕されるのは自分たちである。そんな危険は犯したくない。数年後には転勤になるから、それまで黙っておくのが出世のためには賢い選択だよ」

　あなたは孤立し、窮地に立たされてしまった。
　さて、あなたならどうするか。

①名前を出して内部告発する
②名前を出さずにインターネットなどでリークする
③何もしない

企業の不祥事にみる日本人の倫理

　これは東京工業大学のリベラルアーツセンター長である上田紀行教授が、実際に学生に対して投げかけた問いである。

　2006年当時、200人のうち①が3人、②が15人、③が180人だったそうである。2011年の東日本大震災のあとは、②の匿名で告発する人の割合が若干増えたようだが、実名告発の割合には変化がなかったという。

　現実にこうした問題は数多く起きている。

　2011年のオリンパス粉飾決算事件を覚えている人も多いだろう。過去の有価証券投資で生じた巨額な損失を隠し続けた末に、不正な取引と会計で処理した事件だ。これを告発したのは、イギリス人のマイケル・ウッドフォード元社長だった。社長就任後に不正の事実を知った彼は、当時の会長と副社長（ともに日本人）に引責辞任を要求したが、直後に開かれた取締役会で逆に社長を解任されてしまう。

　イギリスに戻ったウッドフォード氏は、「フィナンシャル・タイムズ」に一連の経緯を告発するとともに、イギリスにおける金融犯罪の捜査機関にオリンパスの捜査を促した。告発された一連の取引は日本でも問題になり、オリンパスの株価は暴落。刑事事件に発展し、元会長以下の取締役4名が逮捕、起訴されるに至った。

　2015年の東芝の粉飾決算事件では、不正な手口で利益が水増しされた。この事件を調査した第三者委員会は、経営陣からの無理な利益改善目標のプレッシャーと、上司の意向に逆らえない企業風土が重なって引き起こされたと結論づけた。

　無理な利益目標を現場に強いたトップへ批判が集まり、現場社員

に同情する声もあったが、違法と知りながら不正に手を染めた社員もトップと同じくらい悪い。

なぜ社員たちは、「これはおかしい」と疑問をもちながらも、上司の要求に従ってしまったのか。

まわりが、皆やっているから、ひとりだけ反対して社内での立場を悪くしたくないから、他に就職のあてがなく会社にしがみつくしかないから……？

"上の意向"に逆らえない企業風土、社会風土が日本全体を覆っている。戦前は"お上の意向"に逆らえない社会風土が日本全体を覆っていた。戦後は"上司の意向"に逆らえない企業風土が日本全体を覆っている。

私はこれが多神教社会の特色だと考えている。"お上"が神なのだ。上司が神様なのだ。会社の中に神様が存在する。社会の中に神様が存在する。そして崇拝を強いられる。

ユダヤ教はこれを最も嫌う。一神教の神以外の"神"を人間が崇拝することを最大の十戒違反だとみなす。

そして個々人が従うべき倫理は一神教の神が定めるから、それ以外の"社風"、"社内道徳"、"社会道徳"、"村の取り決め"などがあってはならず、それに従ってはならない——これが一神教の教えなのだ。

■ 人としてのあり方を問う「なぜ」

「なぜ」を考えれば、オリンパス元社長のウッドフォード氏が選択したような行動になるはずである。

なぜこの会社は存在するのか。なぜ社長をやっているのか。

オリンパスは、内視鏡カメラで世界トップシェアを誇り、医療用光学機器の世界最大手であることの存在意義を考えると、食道がんや胃がん、十二指腸の病気を発見し治療に生かしたい患者と医者のために、会社は存在していたはずである。

　会社の社会的使命を果たすため、会社を導く役割を社長は託されていたはずである。ところが、元会長以下の経営陣は、自分たちの利益のためにオリンパスがあると勘違いして、粉飾会計に手を染めてしまった。

　相次ぐ企業の不祥事から見てとれるのは、「なぜ」の視点をもたない人間や組織は、いとも簡単に道を誤り、またその誤りを黙認してしまうということだ。

　たとえそれが法律や倫理に反した行為であっても、長いものに巻かれ、事なかれ主義に陥りやすいのである。

　ビジネスを単なる「金儲け」と考えてもうまくいかない。

　ビジネスは人間の経済活動、人間の行動そのものを扱うものである。だとすれば、人間の根本に対する深い理解が不可欠である。つまり、**何のため、誰のためのビジネスかという問いかけがなければ、短期的には利益が出ても、長期的には続かないのだ。**

　人としてどうあるべきか、自分が大切にしたい価値観など、物事の本質に近づくためには「なぜ？」と問い続けなければならない。これは第1章でも述べたとおりである。

　ひとりの人間として、ビジネスパーソンとしてどう行動し、何を成していくか——それを明らかにするのは「なぜ？」という自分自身への根源的な問いにかかっている。

ユダヤのビジネス倫理

　日本では、「倫理的であればビジネスはできない」とか、「ビジネスは食うか食われるか」「ビジネスでは騙される方が悪い」という考え方がいまだに根強いようである。
　しかし、ビジネスこそ人の活動であるから、倫理に違反してはならないとユダヤ人は考える。なぜなら、倫理は神が定めた規律であるからだ。
　本章の最後に、ユダヤのビジネス倫理を教える小話を紹介しよう。この話から何をどう受け取るだろうか。
　自分なりに考えてみてほしい。

　ある村で大干ばつが起こった。何日経っても雨が降らない。作物は全て枯れ、飲み水がないために家畜までが次々と死んでいった。
　その村のラバイが、あるとき夢を見た。夢の中で、神がラバイにこう言ったのだ。
　「この次の安息日では、洋服屋の主人に祈りを捧げさせればよい。そうすれば、雨を降らせよう」

　翌朝、ラバイはこの夢のことを思い出したが、「あの洋服屋の主人はヘブライ語もろくに読めず、聖書の内容も覚えていない。あんな人間に祈り台で祈りを捧げさせることなどどうしてできようか。こんな夢は当てにならない」と、夢を打ち消してしまった。そして、シナゴーグで最もヘブライ語が堪能で、祈りをすべて覚えている人間に祈りを主導させ、雨乞いをした。
　しかし雨は降らなかった。
　1週間が過ぎて、またラバイは同じ夢を見た。

ラバイはそのとき、「もし同じ夢を3度見ることがあれば、これは神の啓示に違いない。そのときこそあの洋服屋の主人を祈り台に呼んで祈りを捧げさせよう」と思った。
　そしてついに、ラバイは3度目の夢を見た。ラバイはついに洋服屋の主人に祈り台に来るように誘った。

　その洋服屋の主人は、ヘブライ語も読めず、祈りを唱えることはできなかったが、自分がいつも使っている巻尺を取り出して、次のような祈りを捧げた。

「神様、私はこの洋服屋の仕立て屋の仕事を始めてもう40年にもなりますが、ただの一度たりとも人をだましたり、ずる賢いことをしたことはありません。私は、この巻尺をご覧になっておわかりの通り、一寸の狂いもない正確な巻尺を使っています。他の洋服屋はわざと寸法を短くした巻尺を使って生地を高く売りつけたりしています。また、粉屋もわざと量りを多く表示させるよう、量りを狂わせて粉を高く売りつけたりしています。油屋も枡をわざと小さくして油を高く売りつけています。この町にそういう人はいないと思いますが、私はそういうことをしていません。どうぞ、この私の正直なところに免じて、雨を降らせてください」

　このようにヘブライ語ではなく自分の言葉で語ったところ、なんといきなり天空に雷鳴が轟いたかと思うと、空が一転にわかに掻き曇り、大粒の雨が降り出した。それからというもの、すべての田畑が潤い、全ての家畜が水を飲むことができ、田畑は甦った。

　この祈りを聞いたシナゴーグの会衆たちは、自分の店に飛んで帰

り、量りや巻尺や目方量りを正直な正しいものに修正したり取り替えたりした。
　これを見た神は大変満足され、その村には毎年決まった時期に雨が降るようにされた。

第2部
ユダヤ人は何をどう学ぶのか
～本質をつかむ学びガイド～

第6章

言語を学ぶ
～能力を最大化するための言語力～

グローバルスタンダードとしての英語

近年、海外とのビジネス機会が増え、また日本を訪れる外国人の数も増えていることから、外国語、特に英語を学ぶ必要性を痛感している人は多いことだろう。

海外に活躍の場を広げたい人はいうまでもないが、国内に住み、国内でビジネスを営む人であっても、英語は必須になりつつある。自分は海外に出ないから日本語だけで間に合う、という時代ではもはやないのである。

なぜなら、**英語でアクセスできる情報量が、日本語に比べて圧倒的に多いからだ**。ためしに、日本語のウィキペディアで調べた項目と同じものを、英語のウィキペディアで調べてみればよくわかる。そこに出てくる情報量は、英語のほうが10倍くらい多い。ウィキペディアに限らず、医学、法律、そのほかあらゆる分野において、英語で得られる情報のほうがはるかに精度が高く、内容が深く、量も多いのである。

これは、インターネット時代においては、当然のことだろう。たとえばインド人の研究者が科学雑誌「Nature」に論文を発表するのに、何語で書くだろうか。中国人の科学者は何語で論文を書くだろうか。

いまや優秀な研究論文のみならず、財産的価値を生むものはすべて、英語で書かれ、英語で発表されている。コンピュータのプログラミングは英語であるし、GoogleやFacebookなど我々が普段から情報収集やコミュニケーションで利用するサービスも、英語をベースに開発された。

なぜこのような状況が生まれたのだろうか。

その一端は、かつて日本は自動車産業をはじめ製造業の育成に国をあげて取り組んでいたが、その後起きた第三次産業革命（IT革命）に乗り遅れてしまったことにあるだろう。ITと言語が融合した結果、英語圏のアメリカで情報の集中が起こったのである。
　これはすなわち、**富を生み出す土俵が英語**になったということである。
　変革の波に乗り遅れた日本人は、その新たなプラットフォームに追随するほかはないのである。

　まずは英語で書かれた情報にいかに素早くアクセスし、また英語で発信できるかが勝負になる。つまり、英語を読む力と書く力が求められている。
　もちろん、それだけではビジネスチャンスはつかめないので、ベンチャーであればシリコンバレーでの資金調達、通常のビジネスでも、スカイプなどを通じた海外との直接的なコミュニケーションにおいて、英語を聞き、話す力が不可欠だ。
　インターネットで世界がつながり、英語という標準語で世界が動いているからには、英語は日本人にとっても避けて通れなくなっている。

▍単一言語国家はマイノリティである

　日本では、国内で暮らす人の圧倒的多数が母国語として日本語を話している。全国どこへ行っても、日本語だけで通じる。事実上の公用語も日本語である。国内最大の少数民族である在日韓国・朝鮮の人たちも、ほとんどが日本語を話すことができる。
　つまり、日本という国は、「単一言語国家」に極めて近い国とい

える。

しかし、このような国は、世界ではかなり少数である。

多くの国は、複数の公用語を定めていたり（国と地域でそれぞれに公用語を定めているケースもある）、あるいは公用語はひとつでも、暮らしのなかで複数言語が話されていたりする。

英語版ウィキペディアで「多言語使用」の国や地域を調べてみたところ、なんと155もの国や地域がリストアップされていた。

以下にその一部を紹介しよう。

・スイス——ドイツ語、フランス語、イタリア語、ロマンシュ語（4公用語）
・ベルギー——オランダ語、フランス語、ドイツ語（3公用語）
・ルクセンブルグ——ルクセンブルグ語、フランス語、ドイツ語（3公用語）、教育でも3言語が必須
・シンガポール——英語、標準中国語、マレー語、タミル語（4公用語）
・フィリピン——フィリピン語、英語（2公用語）
・カナダ——英語、フランス（2公用語）
・ハイチ——クレオール語、フランス語（2公用語）
・ペルー——スペイン語（公用語）、ケチュア語、アイマラ語
・ケニア——英語（公用語）、スワヒリ語（公用語、国語）
・エジプト——アラビア語（公用語）、英語、フランス語
・フィジー——英語、フィジー（2公用語）
・ニュージーランド——英語、マオリ語、手話（3公用語）

しかし世界最大の「多言語国家」は何といってもアメリカだ。アメリカではいまは完全にスペイン語が公用語になっている。市役所、州事務所、連邦政府のオンラインサイトはすべてといっていいほどスペイン語でも表示されている。銀行、電話会社、ガス会社も電話

窓口対応はスペイン語でもなんら問題ない。

神の怒りが多言語を生んだ

多言語圏は、ヘブライ聖書に起源をもつ。人間が建設した「バベルの塔」に神がお怒りになったことから多言語が生まれたのだ。

ノアの洪水のあと、人間はふたたび物質的繁栄のみを求めるようになり、天にも届くような塔を築き始めた。それを見た神は、おごり高ぶる人間を諫（いさ）めるため、バベルの塔を破壊し、人々の言語を多言語にして混乱させたのである。人々は意思の疎通ができなくなり、塔の建設は中断された。これがバベルの塔の物語である。

この物語は何に対する警告だろうか。

一般的には、人間の傲慢さへの警告、人間の物質文明や富への欲求に対する警告と考えられている。

しかし、ユダヤ人は別の見方をしている。神は、単一言語で統一された価値観への警告をしたのではないかと。

塔が建設された頃、アダムとイブという共通の祖先から生まれた人々は、同じ言語を使っていた。つまり、単一言語だったのだ。

ひとりの権力者が、「天に届くような塔をつくろうじゃないか」と提案したところ、周りの人たちは「いいんじゃないか」と盲目的にその意見に従った。皆が同じ言葉を話し、価値観が統一されると、誰もが疑うことなく権力者の命令に従ってしまう。世俗的権力者が"神様"になりかわった。単一言語がもたらしたこの状況に神はお怒りになったという解釈だ。

つまり、神が人々の言葉をバラバラにしたのは、**考えや価値観に多様性をもたらし、人々がさまざまな疑問をもつように仕向けるた**

めだったというわけだ。

 そう考えると、神が考える理想の世界とは多言語文化であるといえる。さらにいうと、**単一言語しか話さない人間は愚かになり、堕落し、世界を破壊する民族になる**と神は考えておられるということだ。

 誰とでも日本語で通じてしまう日本人は、「場の雰囲気」「阿吽の呼吸」という日本独自の文化も生み出した。互いの意思疎通に言葉すら必要としない文化である。長年連れ添った夫婦の間では、「あれ、あれ！」と言うだけで大体のことは通じる（——と少なくとも夫は思っている）。

 西洋ではそのような会話は成立しない。

 たとえ夫婦間でも、コーヒーを淹れてほしいときは"Would you make a coffee?"とていねいにお願いするし、たいていは夫が気を遣って、"Would you like a coffee?"と妻にコーヒーが欲しいかどうか聞くものである。日本流に"Hey, that's!"と言おうものなら、それは漫才にしか聞こえない。

 世界の大半の国々が多かれ少なかれ多言語環境であるのに対し、日本は極めて単一言語環境に近い状況にある。

 これは多神教の日本が世界の異色であるのと同じように、言語環境でも異色であるということを示している。

■ イノベーションは多言語から生まれる

 「種の起源」を発表したチャールズ・ダーウィンや、電磁波を発

見したジェームズ・マックスウェル、重力を発見したアイザック・ニュートンを筆頭に、世界のイノベーションは、イギリス人とスコットランド人、ユダヤ人によってほぼ成し遂げられているといっていい。

そこで、彼らがどのような初等教育を受けていたのかを調べてみると、「多言語教育」がキーワードとして浮かび上がってくる。

スコットランドやイギリスには、創立1000年を超えるような伝統あるエリート一貫校があり、小中高等学校での多言語教育が充実している。近代科学の発明者たちは、そうした伝統エリート校で多言語教育を受け、その後、ケンブリッジ大学に進むという教育課程を経ている。

たとえば、ニュートンが12歳から17歳まで通ったイングランドのキングス・スクールは、聖アウグスティヌスによって597年に創設された、現存する世界最古の学校の一つである。現在もフランス語、スペイン語、ドイツ語などの現代語に加えて、ラテン語やギリシア語など古代言語を教えており、当時から多言語教育を積極的に行っていたようである。

ダーウィンが9歳から16歳まで通ったイングランドのシュルーズベリー校は、1552年にロイヤル憲章によって設立された由緒あるパブリックスクール（私立学校）である。現在の科目をみると、フランス語、ドイツ語、スペイン語のほか、全生徒がラテン語（もしくは古代ギリシア語との両方）を勉強することになっている。

ユダヤ人に関していえば、ユダヤの家庭では、子どもが幼い頃から多言語教育を徹底している。ユダヤ人は世界に散らばっているため、遠方のユダヤ人同士がコミュニケーションをとる場合の言語は

英語になる。加えて、居住地の言葉は子どもの頃から叩き込まれ、また、ユダヤ人の基本語であるヘブライ語も3〜4歳頃から家庭で勉強を始める。したがって、ユダヤ人は原則として少なくともトリリンガル（3ヶ国語を話す人）になるのである。

ドイツ生まれのユダヤ人であったアインシュタインは、第二次世界大戦中、ナチスドイツのユダヤ人迫害を受け、アメリカに亡命した。彼はユダヤ人としてヘブライ語を学んだほか、母国語であるドイツ語、さらに英語とフランス語を操ることができた。つまり、クワトロリンガル（4ヶ国語を話す人）だったのだ。

なかでも、彼が子どもの頃にマスターしたフランス語は、フランス人が聞いても驚くほどうまく使いこなしていたようである。英語に関しては、スピーキングではひどいドイツなまりが抜けなかったものの、ライティングでは素晴らしい英語を書いていたようだ。

こうして見ると、偉大な発見をした科学者の初等教育には多言語環境があったことがわかる。

よって、多言語環境はイノベーションを生み出しやすいのではという仮説が成り立つ。もっといえば、**イノベーションは多言語環境からしか生まれない**、というのが私の仮説だ。

この仮説はおそらく正しいのではないかと、大脳の発育形成上考えているが、その根拠を説明していきたい。

バイリンガル教育は本当に有害なのか

ほぼ単一言語国家といっていい日本では、日本語のほかに第二言語を自由自在にあやつれるバイリンガルは、極めて少数である。

国や学校も、多言語教育の取り組みは腰が重く、英語教育は小学校高学年までやる必要はないということになっている。

「母国語である日本語がしっかりと習得される前から英語教育を行っても、どっちつかずになるおそれがある」とか、「多言語教育をすると子どもがバカになる」という考えが根強いようだ。

しかし、この考え方は単なる精神論であり、ナンセンスである。

言語教育は頭が柔らかなうちに始めなければならない。

早期からの英語教育が不可欠で、小学校1年生から毎日2時間くらい、ネイティブスピーカーに教わるくらいでなければ、英語を完璧にマスターすることは難しいだろう。

1960年代までは、世界を見渡しても、バイリンガル教育は子どもの言語習得や認知発達に悪影響を及ぼすといったネガティブなイメージでとらえられることが多かった。バイリンガル教育が子どもの脳に混乱を招くとか、人格を分裂させるといったものまであった。

ところが、その後の研究で、**ふたつの言語に堪能な「バイリンガル」であることは、ひとつの言語しか使いこなせない「モノリンガル」に比べて、子どもの言語習得や認知能力の発達において有利な面がある**ことがわかってきた。

研究の一部を紹介すると、ある研究者は、同一の物事や概念をふたつの言語で表現できるバイリンガルの子どもは、単一の言語でしか表現できないモノリンガルの子どもよりも、その物事や概念に対する理解を深められると主張した。（Colin Baker）

たとえば、英語で"school"という言葉は、ウェールズ語では"ysgol"と表現するが、"ysgol"には"school"という意味のほかにも"ladder"という意味がある。英語とウェールズ語の両方を習得したバイリンガルの子どもは、「階段」という意味合いも重ねて「学校」という言葉を理解することになるという。

また、構造や文法が異なるふたつの言語を学ぶことで、言語そのものについて考える客観的な意識を高めるという主張もある。つまり、バイリンガルであるということは、言語そのものを客観的にとらえる能力を養うことにつながり、言語の構造理解を深めたり、文法の間違いに気づいたりすることができるようになるという。（Ellen Bialystok）

　次のようなテストがある。

　ひとつの文章のなかに単語がいくつあるか数えるというものだ。大人からすれば何ということはないテストだが、言語を構造的にとらえることができない幼い子どもには、驚くほど難しい作業なのだという。

　通常は、読み方を習う6〜7歳になってようやく、単語を文章から分離させることができるようになるという。その点、バイリンガルの子どもは早い段階から「単語とは何か」を理解しているため、モノリンガルの子どもよりも高いスコアを獲得するそうだ。

バイリンガルの脳科学的な優位性

　いま見てきたような言語習得におけるメリットのほかにも、バイリンガル教育は、子どもの脳の発達に影響を与えるという研究結果もある。

　バイリンガルの人は、どちらか一方の言語を使うとき、脳の中のもう片方の言語領域も活発になることがわかっている。しかも、同時活性化は本人の意識に関わりなく自動的に起き、その人にとって優勢な第一言語を使っているときに第二言語が活発になるだけでなく、その逆でも起きるという。

　両方の言語領域がつねに活発で競い合った状態であれば、場所や

相手に応じてふたつの言語を使い分ける抑制能力がバイリンガルには必要になってくる。

つまり、バイリンガルであるということは、状況に応じて対応を変える抑制能力を鍛えることになる。

この抑制能力は、**問題解決や思考の柔軟性、マルチタスクなどの認知プロセスに関わっているが、これらの能力を測るテストにおいてバイリンガルのほうがモノリンガルよりも高いスコアを獲得している**。このことから、バイリンガルであることが抑制能力を高めていると考えられている。

バイリンガル環境は、言葉を話すようになる前の赤ちゃん（生後7ヶ月）の脳にも良い影響を与えるという研究結果もある。

この研究では、バイリンガル家庭で育てられる赤ちゃんと、モノリンガルの家庭で育てられる赤ちゃんとでは、どちらの知能が発達するかを調べた。

どちらの赤ちゃんにも、チリンチリンという音が聞こえるとスクリーンの片側にあやつり人形が現れることを教えておく。そして、研究が半分まで進んだところで、今度はあやつり人形がスクリーンの反対側に現れるように仕組んだ。つまり、これまで通りあやつり人形を見たいなら、そのためのルールを赤ちゃんが学ばなければならない状況をあえてつくったのである。

そのとき、新しいルールを学習し直すことができたのは、バイリンガル環境で育った赤ちゃんだけだった。このことから、言葉を話す前の赤ちゃんであっても、バイリンガル環境に置かれることで、環境の変化にうまく対応できるだけの知能を発達させることがわかった。

ちなみに、バイリンガルの効用は年配の大人にも見られるという。認知症と診断された患者を調べた調査では、**バイリンガルの年配者は、モノリンガルの年配者に比べて認知症の症状が現れるのが３〜４年遅いという結果が得られた。**

　これらの研究結果から、多言語環境が言語能力を超えたところで脳に良い影響を与えることがわかるのである。

　高齢者になっても新しい外国語の勉強をする人はそうでない老人に比べてボケないということだ。

▶ 多言語環境が育むシンプルな物の見方

　さまざまな研究結果をもとに、バイリンガル教育の効用を見てきたが、次のふたつのポイントにまとめることができる。

　ひとつは、**異なる言語構造に触れることで、言葉への理解が深まり、言語習得にプラスに働くこと。**そしてもうひとつは、**高度な脳の使い方をすることによる認知能力の発達**である。

　前者の「異なる言語構造に触れる」についてもう少し考えてみよう。言葉とは文化そのものである、ということができる。したがって、「異なる言葉を話す」ということは、「異なる文化を背負う」とイコールである。

　バイリンガルは異なるふたつの文化を背負っているのであり、バイリンガルの環境に身を置くことで複数の文化による思考方法が身につくようになるといえる。

　たとえば、フランス語とドイツ語の両方をあやつる人は、フランス人とドイツ人の両方の物の見方がわかる。つまり、「フランス人

はそれを理解するけれど、ドイツ人には理解されない」ということがわかるということだ。

ところが、日本語しか話さない人は、「フランス人にはわかって、ドイツ人にはわからない」という感覚は想像もつかないだろう。

多様な物の見方ができる人は、一方で、誰もが理解できるシンプルな物の見方もできる。フランス人もドイツ人も、日本人ですら理解できる「最大公約数」の視点を見つけることができる。

そこには「**世界に通用するシンプルさ**」が存在する。

シンプルさがイノベーションを生み出す

ここで、「多言語環境からイノベーションが生まれるのはなぜか」という問いをあらためて考えてみる。

イノベーションは世界に通用するものでなくてはならない。なぜなら、世界を変えるのがイノベーションだからだ。

日本の科学技術は世界的にみても優れているにもかかわらず、イノベーションを生み出せないのは、製品やサービスが複雑すぎるからである。たとえば新幹線は、日本のように人口密度の高い都市間を1分の遅れもなく結ぶ高速鉄道として優れているが、世界中どこでも必要とされるかというと、そのようなことはない。やはり、日本でしか活躍できない高速鉄道であることは否めない。

シンプルさがイノベーションを生み出すとすれば、そのシンプルな視点を提供するのは多言語環境である。世界に通じるシンプルな物の見方と、多言語環境で発達した認知能力が、イノベーションを生み出す土壌としては欠かせないのではないだろうか。

そう考えると、「イノベーションは多言語環境からしか生まれない」

とする私の仮説も、あながち外れてはいないのではないか。

　多言語環境が生まれたのは、バベルの塔をつくった人間の愚かさに神がお怒りになり、単一言語しか話さなかった人々の言葉をバラバラにしたことが始まりだったとヘブライ聖書には書かれていることはすでに述べた。
　では、言葉自体はどのようにして生まれたのだろうか。
　言葉が生まれたときの状況についても、ヘブライ聖書にその描写がある。その箇所を読み解きながら、「言葉とは何か」を考えてみたい。

CASE STUDY
~言葉とは何か？(「創世記」より)~

創世記の冒頭、天地創造の過程で神が言葉を話す場面である。

At the first God made the heaven and the earth. And the earth was waste and without form; and it was dark on the face of the deep: and the Spirit of God was moving on the face of the waters. And God said, Let there be light: and there was light. And God, looking on the light, saw that it was good: and God made a division between the light and the dark, Naming the light, Day, and the dark, Night. And there was evening and there was morning, the first day (Genesis 1:1-5)

(はじめに神は天と地とを創造された。地は形なく、むなしく、やみが淵のおもてにあり、神の霊が水のおもてをおおっていた。神は「光あれ」と言われた。すると光があった。神はその光を見て、良しとされた。神はその光と闇とを分けられた。神は光を昼と名づけ、闇を夜と名づけられた。夕となり、また朝となった。第一日である。創世記1章1－5節)

ここでは、言葉はどのようなものとして描かれているだろうか。

▶ 宇宙の始まりに言葉があった

　神が天と地をつくり、"Let there be light."と言葉を発して、光と闇を分けた。
　その後も、2日目には"Let there be a solid arch stretching over the waters, parting the waters from the waters."（水の間に青空があって、水と水を分けよ）と神が言い、3日目には、"Let the waters under the heaven come together in one place, and let the dry land be seen:"（天の下の水は一つ所に集まり、乾いた地が現れよ）と言い、地球をつくっていくのである。

　宇宙の始まりは、じつは現代物理学でも解明されていない謎である。いまの望遠鏡では、宇宙が始まったとされる138億年先まで見えているわけではない。世界最高クラスの性能を誇る「すばる望遠鏡」でさえ、観察できるのは約130億光年かなたの銀河である。
　最近になって存在が確認された重力波を使った重力波望遠鏡が完成すれば、宇宙誕生の瞬間が見えるかもしれないと期待が高まっている。ただ、本当に見えるかどうかは未知数である。

　現代物理学で謎とされていることに対して、唯一答えることができるのが宗教である。
　ヘブライ聖書を日々読んでいるユダヤ人は、「言葉が宇宙をつくった」と考えている。
　つまり、「宇宙の始まりは言葉であった」という理解である。

　ここで読者に尋ねたいのは、「なぜ神は言葉を発せなければならなかったのか」という問いである。

神は全知全能の存在である。そうならば、いちいち言葉に出さなくても、たとえば念じるだけ、指を差すだけで世の中を思い通りに動かすことができるはずだ。

　それなのにわざわざ言葉を発したのは、なぜなのだろうか。

　ユダヤ人が考える有力な説は、「神が人間に与えられた言葉の大切さを、神が我々人間に教えた最初の場面である。だからわざわざ言葉を発した」というものである。

　全知全能の神ですら、天地創造のときは最初に言葉が必要だった。いわんや人間においては——。

　ユダヤ人にとって「言葉」とは、それくらい重要なものである。**言葉こそが、世界を成り立たせているのである。**

▎言葉がもつ、本質的な意味

　その後、神は最初の人であるアダムをつくった。神に似せられた人は、土からつくられた。

　神は、人がひとりでいるのはよくないとして、アダムのあばら骨からイブをつくった。このとき、アダムが最初に話した言葉がヘブライ聖書には書かれている。

" And the man said, This is now bone of my bone and flesh of my flesh: let her name be Woman because she was taken out of Man."
(Genesis 2:23)

(そのとき、人は言った。「これこそ、ついに私の骨の骨、私の肉の肉。男から取ったものだから、これを女と名づけよう」。創世記1章23節)

ただし、これは独り言である。
「独り言」は言葉ではない。なぜなら、ユダヤ人にとって「言葉」とは、天地創造において神によって発せられた「神の意志」そのものである以上、「創造的行為」であり、「ものを動かす力」であるからだ。
　そうであれば、「独り言」は言葉たりえず、アダムが喋ったのは言葉ではない。
　では、人類史上はじめて言葉を喋ったのは誰か。
　それはイブである。イブこそ、蛇と言葉でコミュニケーションを交わし、アダムに禁断の木の実を「あなたも食べなさいよ」とアダムを動かしたのである。

　残念ながら、人類がはじめて喋った言葉は、神の意志に反する結果を招いた。このことに神は怒られ、イブを、蛇を、そしてイブの言葉に動かされたアダムを永遠の処罰に付されたのである。
　それが、蛇にとっては「地をはう」ことであり、女にとっては「産みの苦しみ」であり、男にとっては「労働」である。
　この時から、神は人間の喋る言葉にはことのほか注視されるようになったのだ。

CASE STUDY
〜「好き」を言い換えよ〜

　日本語には「一を聞いて十を知る」ということわざがある。物事の一端を聞いただけで全体を理解するという意味で、非常に理解力が優れていることの例えとして使われる。
　しかし、その一方で、「一を言えば十を理解してくれる」ことを期待するあまり、言葉足らずが誤解やミスコミュニケーションを生むケースも多い。

　ここで読者への出題である。
「好き」という言葉を、20の異なる日本語で表現してみよう。ひとつの物事や概念をできるだけ多くの言葉で表現するトレーニングである。

語彙力とは、生きる力である

　ふだん、日本人を相手に日本語だけでコミュニケーションしていると、共通の言語・文化基盤があるために、多くを説明しなくても意思疎通できることが多い。「おい、あれ」でも通じる阿吽の呼吸は、その典型である。

　加えて最近は、FacebookやLINEなどのSNSで、「いいね！」をクリックしたり、絵文字やスタンプを送ったりすれば、簡単に共感や気持ちを伝え合うことができる。言葉を使わずともコミュニケーションできる環境が広がっているのである。

　そうなると、私たちが物事を表現するための語彙はますます減っていく。この状況に対して、私たちはもっと危機感を抱くべきだ。

　なぜなら、**「言葉は文明であり、創造である」**からだ。

「言葉に発しないものは存在しない」からである。

　たとえば、「重力波」という現象も、言葉に置き換えることができなければ、現象自体が存在しないことになる。また、「重力波」という言葉を知らなければ、その現象を説明することもできない。「あの、あれだよ」と言っても、相手には何のことか理解できないだろう。

　そこで先ほどのCASE STUDYであるが、「好き」という概念を伝えるのに、どれだけ違う言葉で表現できるだろうか。「好意をもつ」「愛しい」「好ましい」「愛着がある」などがあるだろう。

　ちなみに万葉集では、「好きな人」のことを「妹（いも）」と表現している。好きな人を「妹」と表現する感覚は素晴らしいと思うし、そうした感覚を理解することで、「好き」という言葉への理解がよ

り深まりそうだ。

こうした語彙を増やすことは非常に重要である。

また、それを日本語だけでなく、英語やフランス語、ドイツ語などさまざまな言語での語彙をもっていると理想的である。

言葉を話さないことは文明がないに等しく、言葉が貧弱であることは、文明が貧弱であるに等しい。

たとえば、北極圏に住むサーミ族は、雪に関して300近い表現を有するとされ、エスキモーは同じく雪に関して1280近い表現を有するとの調査がある（人類学者で有名なフランツ・ボアズの調査他）。

これに対し、人間の部族で最も単語の少ないのは、第3章でも触れたニューギニアのRotokas族と、アマゾンのPirahã族であるとされている。Pirahãは数詞をもたず、数に関しては「少ない」と「多い」の二種類の表現のみで、色の表現は「血の色」の一表現のみである。

Rotokas族は、12文字しかもたないうえ、いずれの部族も20〜30の表現をする単語しかもたないとされる。

ちなみに、現在のコンピュータ言語であるプログラミング言語は、Cobol、Java、Google Apps Script、MS-DOS Batchなど、265言語存在する。

そして英語は、現在では100万語を超えるほどの膨大な単語数をもっている。

文明は多言語により生まれた

アダムとイブに話を戻す。

最初の人類であるふたりが神の能力のひとつである言語能力を獲

得した。

つまり、文明はそこから始まったと考えることができる。

世界の古代文明は、メソポタミアやエジプトなどオリエントで発祥した。先ほど、イノベーションは多言語環境で生まれるという仮説を述べたが、言語環境が人間の創造的活動に影響を与えることを考えれば、古代文明も多言語環境のなかで生まれたのではないかという新たな仮説が成り立つ。

実際に、古代メソポタミアと古代エジプトでどんな言葉が話されていたのかを調べてみると、これらの地域でも多言語が使われていたようである。

古代メソポタミアでは、紀元前3000年頃からシュメール人の都市国家が数多くつくられた。彼らはシュメール語を話し、楔形文字を使っていた。

前2200年には、バビロニア王国がシュメールの都市国家を征服し、前323年までメソポタミアを支配した。その間、前700年には北メソポタミアからアッシリア人の攻撃受けて、しばらく征服された時期もあった。

バビロニア王国の時代には、セム語系のアッカド語が共通語として話されていた。アッカド語はアッシリアとバビロニアの方言に分かれ、どちらも楔形文字が使われていた。

前700年頃からは、アッカド語に代わってアラム語が広く使われるようになった。アッカド語は1世紀までに完全に消えることになる。前539年にはバビロニアにペルシア人が侵入し、同時期にはペルシア語も話されていた。

こうしてみると、古代メソポタミアでは、シュメール語に続き、アッカド語、アラム語、ペルシア語などの言語が話されていたよう

である。まさに多言語環境が世界の文明を生んだといえるのではないだろうか。

　では、古代エジプトはどうだろうか。
　この地域で話されていたのは古代エジプト語である。前3000年頃からは、メソポタミアから受け継いだ象形文字が使われるようになった。前700年頃からは、象形文字に代わり、古代エジプト言語を使いやすく発展させた民用文字（Dometic）が一般的になった。
　さらに前200年頃には、ギリシア語のアルファベットを一部取り入れたコプト語が優勢になる。コプト語は、北エジプトの4方言、南エジプトの2方言のあわせて6方言に分かれていた。この状態は、アラブ人がエジプトを統一し、アラビア語が導入される前640年まで続いた。
　よって古代エジプトも、話し言葉はコプト語の6方言、書き言葉は民用文字とコプト語の2言語が使われていたという、複雑な言語地帯だったことがわかる。
　ここでも、多言語環境が世界の文明の誕生に影響を与えたと推測できるのである。

シリコンバレーがイノベーションを生む理由

　古代文明の発祥地に見られた多言語環境を現代で探すなら、まさにシリコンバレーがそうであろう。
　シリコンバレーは、アメリカ人とインド人、中国人、ユダヤ人が入り混じった人種構成になっている。ビジネスの共通語は英語だが、文化の継承はそれぞれの民族語が担っている。
　言葉や文化の異なる人たちが同じ会社や職場で働き、多様な価値

観や考え方に触れ、互いに触発し合うことで、世界を変えるような製品やサービスが生まれているであろうことは想像に難くない。

　本章の冒頭でも述べたとおり、インターネットで世界がつながったことにより、好むと好まざるとにかかわらず、英語を世界の標準言語としてビジネスや情報のやり取りが行われる時代になった。日本で暮らす限りは日本語のみでも不自由はないかもしれないが、それでは英語でつながり合う世界から取り残されるのは必至である。
　加えて、もともと多言語国家がマジョリティだった世界は、インターネットで互いの距離が縮まるにつれ、多言語化の傾向をより強めていくだろう。
　日本人は、世界から見れば特殊な言語環境に置かれていることをもっと意識すべきだ。そして、たとえば英語の幼児早期教育を実現するなど、世界と互角に戦うための方策を講じる必要があるのではないか。

語学学習は、いつからでも遅くはない

　読者のなかには、英語力を身につけることなく大人になってしまったと後悔している人もいるかもしれない。しかし、語学学習はいまからでも遅くはない。いつからでも始めることができる。
　私のユダヤ教改宗のための個人教授であったラバイは、もう60歳を超えて孫も10人近くいる。それでも毎日30分、日本語の勉強をしている。
　彼はオランダ国籍で、フランス語、英語、ヘブライ語のトリリンガルだが、13年前から日本語を習い始め、5年前からは韓国語の勉強を始めた。日本語、韓国語という東洋言語は50歳代になってから

習い始めたわけだ。

そのおかげで、いまでは韓国で仕事にありついた。

彼がレジュメで大いにアピールする欄は「言語」であり、English（native）、French（native）、Hebrew（native）、Japanese（moderate）、Korean（moderate）と書くだけで、他の応募者と差別化できるというものだ。

私の友人の医者は、英語とヘブライ語の他に、スペイン語ができるおかげで、ラテンアメリカ人やヒスパニックの患者が中南米からも押しかけて来ており、彼のマイアミのクリニックは大繁盛だ。70歳を超えているが、最近ではブラジルの患者を取りこもうとポルトガル語を習い始めた。

死ぬまでヘブライ聖書とタルムードの勉強を毎日欠かさないユダヤ人にとって、70歳になってから新しい外国語の勉強を始めることは、なんてことはないのだ。

参考文献・参考資料

- 『インスパイア型リーダーはここが違う WHYから始めよ!』
 サイモン・シネック著/栗木さつき訳、日本経済新聞社
- 『日本が2度勝っていた「大東亜・太平洋戦争」』
 山田順著、ヒカルランド
- 『ユダヤ人国際弁護士が教える 天才頭脳のつくり方』
 石角完爾著、朝日新聞出版
- 『アメリカのスーパーエリート教育 独創力とリーダーシップを育てる全寮制学校』
 石角完爾著、ジャパンタイムズ
- 『ユダヤ式Why思考法』
 石角完爾著、日本能率協会マネジメントセンター
- 『詳説 世界史B』
 木村靖二、佐藤次高、岸本美緒他著、山川出版社
- 『Story Time』
 H.Shain著、Peer Publishers
- 『China's War with Japan, 1937-1945: The Struggle for Survival』
 Rna Mitter著、Penguin

- **経営文化フォーラム平成27年9月例会レポート**
「生きる意味」の再構築と豊かな社会の実現
東京工業大学リベラルアーツセンター長・教授 上田紀行

●SIMPLE SABOTAGE FILED MANUAL
https://www.cia.gov/news-information/featured-story-archive/2012-featured-story-archive/CleanedUOSSSimpleSabotage_sm.pdf#search='sabotage+field+manyual'

●大英博物館
The Meroë Head of Augustus: statue decapitation as political propaganda
https://blog.britishmuseum.org/2014/12/11/the-meroe-head-of-augustus-statue-decapitation-as-political-propaganda/

●The Cognitive Advantages of Balanced Bilingualism
http://brainconnection.brainhq.com/2000/06/27/the-cognitive-advantages-of-balanced-bilingualism/

●The Cognitive Benefits of Being Bilingual
http://dana.org/Cerebrum/2012/The_Cognitive_Benefits_of_Being_Bilingual/

●Encyclopedia of Authentic Hinduism
Early civilizations and the development of writing systems in the world.
http://www.encyclopediaofauthentichinduism.org/articles/12_early_civilizations.htm

●**石角 完爾**（いしずみ かんじ）

1947年京都府生まれ。
京都大学在学中に国家公務員上級試験、司法試験に合格。同大学を主席で卒業後、通商産業省（現・経済産業省）を経て弁護士に。ハーバード大学ロースクール修士号取得、ペンシルバニア大学証券法修士課程修了。1978年ハーバード大学法学校博士課程合格。
ニューヨーク、ウォールストリートの法律事務所シャーマン・アンド・スターリングを経て、ベルリンのレイドン・イシズミ法律事務所代表。国際弁護士としてアメリカ、ヨーロッパを中心にM＆Aのサポートなどで数多くの実績がある。日本におけるマイケル・ジャクソンの弁護士として当時活躍。
2007年、難関の試験を経てユダヤ教に改宗し、ユダヤ人となる。
米国認定教育コンサルタント。
著書に、『ファイナル・クラッシュ』（朝日新聞出版）、『お金とユダヤ人』（SBクリエイティブ）、『日本人の知らないユダヤ人』（小学館）、『ユダヤ人の成功哲学「タルムード」金言集』（集英社）等多数。

ユダヤ教徒Kanji Ishizumiのオフィシャルブログ　http://www.kanjiishizumi.com/
経済評論家 Kanji Ishizumiのオフィシャルブログ　http://www.starofdavid.asia/
教育コンサルタントのwebサイト　http://www.olive-education.com/

（著者エージェント）
アップルシード・エージェンシー　http://www.appleseed.co.jp/

ユダヤ式エッセンシャル学習法
一流の知性をつくる最強のサバイバル戦略

2016年9月10日　　初版第1刷発行

著　　者——石角 完爾 ©2016 Kanji Ishizumi
発 行 者——長谷川 隆
発 行 所——日本能率協会マネジメントセンター
〒103-6009　東京都中央区日本橋2-7-1　東京日本橋タワー
TEL　03(6362)4339(編集)／03(6362)4558(販売)
FAX　03(3272)8128(編集)／03(3272)8127(販売)
http://www.jmam.co.jp/

装　　丁——鈴木 大輔、江崎 輝海（ソウルデザイン）
編集協力——前田 はるみ
本文DTP——株式会社明昌堂
印 刷 所——広研印刷株式会社
製 本 所——星野製本株式会社

本書の内容の一部または全部を無断で複写複製（コピー）することは、法律で認められた場合を除き、著作者および出版者の権利の侵害となりますので、あらかじめ小社あて許諾を求めてください。

ISBN 978-4-8207-1950-2 C2034
落丁・乱丁はおとりかえします。
PRINTED IN JAPAN

JMAM 既刊図書

世界のトップエリートが実践する集中力の鍛え方
ハーバード、Google、Facebookが取りくむマインドフルネス入門

荻野 淳也、木蔵シャフェ君子、吉田 典生著／MiLI監修
A5変形判／280頁

Googleやマッキンゼーなどが社員教育に導入しているほか、ハーバードなどのビジネススクールでもカリキュラムに採用されているマインドフルネスは、集中力や創造性といった能力を高め、思いやりの心を育む効果があるという。本書ではパフォーマンスを高めるための理論と実践法を、事例や脳科学に基づき紹介する。

JMAM 既刊図書

なぜ部下とうまくいかないのか
「自他変革」の発達心理学

加藤 洋平 著
四六判／256頁

発達心理学とは、現在の自分が成人としての発達段階のどこにいるのかを確認し、今後どのようなプロセスでさらに成長・進化していくのかを把握するための理論だ。ハーバード大学教育学大学院ロバート・キーガン教授と同大学院変革リーダーシップ研究責任者リサ・ラスコウ・レイヒーらによって体系化された理論を、ビジネスストーリーを通して学ぶ。

JMAM 既刊図書

ユダヤ式Why思考法
世界基準の考える力がつく34のトレーニング

石角 完爾 著
四六判／232頁

世界の名だたる企業の創立者は、その半分以上がユダヤ人である。ノーベル賞受賞者の約3割はユダヤ人が占めている。なぜ、ユダヤ人の知的生産力は群を抜いているのか。本書では、ユダヤ式の思考を身につけるトレーニングを紹介する。ユダヤ人が幼い頃から例外なく読んできた「タルムード」をもとに、ユダヤ人が普段行う議論の一部を再現する。